Do MEB à WEB
O rádio na Educação

Cultura, Mídia e Escola

Do MEB à WEB
O rádio na Educação

Nelson De Luca Pretto
Sandra Pereira Tosta
(ORGANIZADORES)

autêntica

Copyright © 2010 Os organizadores

COORDENADORA DA COLEÇÃO CULTURA, MÍDIA E ESCOLA
Sandra Pereira Tosta

CONSELHO EDITORIAL
Marco Antônio Dias – Universidade Livre das Nações Unidas; *Tatiana Merlo Flores* – Instituto de Investigación de Medias e Universidade de Buenos Ayres; *Paula Montero* – USP e CEBRAP; *Graciela Batallán* – Universidade de Buenos Ayres; *Mírian Goldemberg* – UFRJ; *Neusa Maria Mendes de Gusmão* – Unicamp; *Márcio Serelle* – PUC Minas; *Angela Xavier de Brito* – Université René Descartes-Paris V; *José Marques de Melo* – USP e Cátedra UNESCO/Metodista de Comunicação; *Joan Ferrés i Prates* – Universidad Pompeu Fabra-Barcelona.

CAPA
Alberto Bittencourt

EDITORAÇÃO ELETRÔNICA
Conrado Esteves

REVISÃO
Ana Carolina Lins

Revisado conforme o Novo Acordo Ortográfico.

Todos os direitos reservados pela Autêntica Editora. Nenhuma parte desta publicação poderá ser reproduzida, seja por meios mecânicos, eletrônicos, seja via cópia xerográfica, sem a autorização prévia da Editora.

AUTÊNTICA EDITORA LTDA.
Rua Aimorés, 981, 8º andar . Funcionários
30140-071 . Belo Horizonte . MG
Tel: (55 31) 3222 68 19
Televendas: 0800 283 13 22
www.autenticaeditora.com.br

Dados Internacionais de Catalogação na Publicação (CIP)
(Câmara Brasileira do Livro, SP, Brasil)

Do MEB à WEB: o rádio na Educação / Nelson De Luca Pretto, Sandra Pereira Tosta (organizadores). -- Belo Horizonte : Autêntica Editora, 2010. -- (Cultura, Mídia e Escola)

ISBN 978-85-7526-448-5

1. Comunicação de massa na educação 2. Educação e comunicação 3. Inovações educacionais 4. Internet (rede de computadores) 5. Mídias digitais 6. Rádio na educação 7. Tecnologia da informação e da comunicação 8. Tecnologia educacional I. Pretto, Nelson De Luca. II. Tosta, Sandra Pereira. III. Série.

10-04549   CDD-371.33

Índices para catálogo sistemático:
1. Educação e tecnologias digitais 371.33
2. Tecnologias digitais na educação 371.33

Sumário

PREFÁCIO: De "ouvintes" a "falantes" da rádio, o desafio educativo com os novos "radiouvintes".......... 7
Guillermo Orozco Gómez

APRESENTAÇÃO... 13

O RÁDIO E A EDUCAÇÃO: a experiência do MEB e as contribuições para a Educação popular............... 19
José Peixoto Filho

MÍDIA, EDUCAÇÃO E CULTURA POPULAR: notas sobre a revolução sem violência travada em Pernambuco no tempo de Arraes (1960-1964)...................................... 41
José Marques de Melo

RÁDIO WEB NA EDUCAÇÃO: possibilidades e desafios..... 59
Nelson De Luca Pretto
Maria Helena Silveira Bonilla
Carla Sardeiro

RÁDIOS LIVRES E COMUNITÁRIAS, LEGISLAÇÃO E EDUCOMUNICAÇÃO... 81
Cicília M. Krohling Peruzzo

A RÁDIO COMUNITÁRIA NA CONSTRUÇÃO
DA CIDADANIA E DA IDENTIDADE.. 93
Lílian Mourão Bahia

PARA CRIAR O SITE RADIOFORUM,
EM BUSCA DE UM RÁDIO INVENTIVO..................................... 105
Mauro José Sá Rego Costa

RÁDIO COMO POLÍTICA PÚBLICA:
uma experiência paradigmática
em educomunicação.. 115
Ismar de Oliveira Soares

O RÁDIO DOS MENINOS... 131
Fábio Martins

DIVULGAÇÃO CIENTÍFICA NA RÁDIO FAVELA FM:
percursos discursivos e a ciência
na ausência da imagem.. 143
Ana Paula Bossler

SOLUÇÕES EM SOFTWARE LIVRE PARA RÁDIO WEB............... 151
*Nelson De Luca Pretto, Maria Helena Silveira Bonilla,
Fabricio Santana, Bruno Gonsalves, Mônica de Sá Dantas Paz e
Hilberto Mello*

A RÁDIO WEB UNIVERSITÁRIA COMO MODALIDADE
EDUCATIVA AUDIOVISUAL EM CONTEXTO DIGITAL:
os casos da Espanha e de Portugal.............................. 175
*Marcelo Mendonça Teixeira, Juan José Perona Páez
e Mariana Gonçalves Daher Teixeira*

PUBLIRADIO.NET: desenho, desenvolvimento e
avaliação de materiais didáticos *on-line*
para a formação em comunicação............................... 197
Maria Luz Barbeito Veloso

OS AUTORES.. 205

Prefácio
De "ouvintes" a "falantes" da rádio, o desafio educativo com os novos "radiouvintes"

Guillermo Orozco Gómez

Na América Latina, o rádio tem sido um meio de comunicação de massa especialmente apreciado e usado por grupos e organizações sociais para fins culturais e educativos. Neste livro, Cicília Peruzzo nos lembra que em muitos países o rádio de fato penetrou nas sociedades como um meio de comunicação a serviço destas. No entanto, não apenas no Brasil, como também no México, na Bolívia e na Colômbia – para citar somente três casos –, as emissoras radiofônicas educativas têm sido pioneiras na Educação a distância e na criação de modelos sociopedagógicos efetivos, muitos dos quais transcenderam o continente e inspiraram outras rádios em outras latitudes. Programas radiofônicos como o "Jurado Trece" (Jurado Treze), do "educomunicador" Mario Kaplún, fizeram história no Uruguai com o uso sociopolítico-educativo do rádio na década de 1960, especialmente no que diz respeito a esforços educativos com comunidades de base, já que o programa convocava o envolvimento dos radiouvintes em debates com seus vizinhos, do que podia resultar até mesmo uma manifestação pública de radiouvintes dirigida, na realidade, para denúncias e exigências específicas.

A Radio Santamaría, na Colômbia, e a Erbol, na Bolívia, além de muitas outras rádios em países da América Central e do Caribe, serviram de fonte de conhecimento e informação a milhares de radiouvintes latino-americanos, de costa a costa do continente. Boa parte do conhecimento sobre os direitos humanos e os direitos dos cidadãos ganhou forma através da escuta radiofônica por amplos setores da população desses países.

As rádios nacionalistas que transmitem música nativa e informação sobre as regiões de origem dos migrantes residentes em outros países não somente ofereceram entretenimento e Educação, como também mantiveram vivas a conexão e a esperança em milhares de cidadãos ao redor do mundo, mesmo que vivessem em condições adversas nos lugares de sua migração. O caso da programação radiofônica para os imigrantes espanhóis na Alemanha do pós-guerra foi exemplar em reforçar sua identidade e sua cultura e, ao mesmo tempo, sua atitude política favorável a uma democracia, o que ajudou os espanhóis que viviam no estrangeiro a votarem em Adolfo Suárez para primeiro presidente de seu país depois da morte do ditador Francisco Franco. De modo similar, mas na própria terra, as programações nacionalistas buscaram a coesão social e a Educação informal dos ouvintes, como aconteceu por décadas e até agora no caso da "Hora Nacional", no México, que se ouve nas noites de domingo em todas as emissoras de rádio do país. E, da perspectiva da autonomia, o caso das radiodifusoras indigenistas existentes no México e em muitos países latino-americanos teve também a missão de fomentar e reforçar a Educação, a língua nativa e a identidade comunitária de comunidades minoritárias dentro de culturas hegemônicas.

O papel positivo e incitador e o valor educativo, cultural e político da rádio são inquestionáveis. Diante desse fato, seria possível continuar citando exemplos de casos notáveis em cada país, dentro e fora da América Latina. A grande maioria das propostas educativas radiofônicas considerava os radiouvintes como audiências às quais se deveriam dirigir mensagens específicas visando a consecução de diversas metas e objetivos de conhecimento. Esse esforço, fundamentalmente difusor e transmissor de informações, muitas vezes também conseguia, em certo sentido, transcender e mobilizar os radiouvintes como cidadãos, o que tornou evidente o potencial inspirador e incitador próprio do meio radiofônico.

Mas o que acontece quando o avanço tecnológico e, especialmente, a convergência de tecnologias nos permitem deixar de ser somente audiências de meios – isto é, radiouvintes, ouvintes, afinal de contas – para ser também usuários, ou seja, emissores e produtores, falantes, e não somente receptores? Essa é talvez a grande questão que tem de ser abordada no uso educativo da rádio e dos demais meios e suportes tecnológicos que nos circundam atualmente. E é uma das razões para que este livro fosse escrito e deva ser lido.

Como usar a rádio hoje, no final da primeira década do século XXI, para a Educação da sociedade? Mais que uma pergunta que precise de respostas exatas ou de fórmulas, trata-se de um desafio singular à criatividade e à reflexão que requer coordenação de ideias, experimentação, propostas inovadoras, técnicas e estratégicas, sobretudo pedagógicas, como bem propõem aqui Pretto e Tosta, organizadores deste livro. Tudo isso com muita consciência do que significa a convergência das novas tecnologias e dos velhos meios de comunicação, além de uma boa dose de utopia.

A possibilidade de haver, ao mesmo tempo, *alcance maciço e intensivo* das audiências é um dos elementos que permanecem e deveriam continuar presentes nas tentativas contemporâneas e futuras em prol de uma Educação midiática e, especialmente, radiofônica. Nesse sentido, não se trataria de abolir essa possibilidade de alcance que a rádio e outros meios de comunicação de massa usaram muito bem para chegar aos grandes setores de audiências na América Latina e que, ao mesmo tempo, lhe permitiram focar em setores específicos de audiência, ou grupos, ou comunidades, ou distritos, como Ismar de Oliveira nos conta em seu capítulo, referindo-se ao projeto de rádios nas escolas de São Paulo.

A rádio educativa e cultural, além de fortalecer a Educação e a Cultura, também proporcionou *entretenimento e diversão*, e foi escutada em momentos diferentes da cotidianidade das audiências para recompensar ou satisfazer diferentes necessidades, não somente aquelas estritamente de conhecimento e informação.

As rádios possibilitaram, de muitas maneiras, hábitos de escuta e de atenção entre suas audiências, além de rituais e modos específicos de interação com seus conteúdos e transmissões e de satisfação de suas necessidades comunicativas e informativas, assim como de relaxamento.

Há histórias com as estações de rádio e histórias nas quais esse meio foi e é protagonista da memória individual e coletiva, da lembrança e da criação de expectativas a prazo de amplos setores dos radiouvintes. Por isso, outro dos elementos que deveria continuar na etapa digital é o fortalecimento dos *referentes coletivos* que sempre se formaram com e em torno da rádio. O sentido de pertinência e a recriação das identidades próprias de comunidades, organizações populares, regiões e nações não deveriam desaparecer das novas propostas de usos educativos da rádio.

Como bem anunciam vários dos capítulos deste livro, a digitalização impõe mudanças na maneira tradicional de se fazer Educação através da rádio. A rádio se encontra com outras telas e é alimentada a partir de fontes muito diferentes, não só a partir dos próprios educadores que a usam para fins de aprendizagem e conhecimento. Assim, a rádio entra numa dinâmica de possibilidades inéditas para o intercâmbio informativo, a produção de conhecimento e a própria Educação.

Um ponto que vai ficando claro é que enfrentar o desafio educativo radiofônico ante a digitalização e a interatividade que ela propicia é um esforço complexo com múltiplas possibilidades. Uma delas é a transformação de suas propostas para serem colocadas em diferentes plataformas tecnológicas. Outra é a ampliação de sua interconexão através de redes de usuários dos conteúdos radiofônicos. Ainda outra é a localização da rádio em canais que a transcendam – audiovisuais e multimídias –, como bem mostram alguns dos casos de radiodifusoras espanholas e portuguesas universitárias descritas nos últimos capítulos deste livro.

A rádio, como nunca antes, é muito mais que somente rádio. Muito mais que apenas um canal e uma linguagem sonoros, muito mais que unicamente uma dimensão auditiva para a transmissão de sons e informações. É também um estímulo múltiplo que, embora se inicie com a escuta, deve mudar para outras dimensões sensoriais em que intervenham mais sentidos.

Porém, o que talvez está sendo mais desafiado e deve se transformar, como reitera Nelson Pretto no seu capítulo, é o som, as pedagogias. Com a rádio, do mesmo modo que acontece com outros meios e tecnologias, a grande demanda tem a ver com as maneiras e as lógicas de se fazer Educação.

Deve-se ter em mente que não estamos somente passando por mudanças tecnológicas importantes, como é a passagem para a era digital com todo o potencial que isso traz consigo. Estamos também migrando de paradigmas cognitivos e estratégias organizacionais para realizar Educação.

Martín-Barbero colocou de maneira lúcida e sincera essa grande mudança quando disse que estamos passando de uma sociedade com um sistema educativo para uma sociedade da Educação, na qual a aprendizagem e o conhecimento não só dependem da escola e das instituições educativas formais, mas também de múltiplas fontes, dentre as quais se destacam as diversas telas a que se tem acesso hoje em dia.

Entretanto, junto a essa grande mudança é preciso acrescentar mais outra, que tem a ver com a migração de um paradigma de conhecimento centrado na transmissão e na memorização ou na cópia dos modelos, para outro paradigma, onde o que importa é o ensaio e o erro, ou seja, a experimentação, via criatividade e busca múltipla, até obter descobrimentos.

E é justamente nesse segundo paradigma no qual devem se localizar os esforços presentes e futuros da rádio educativa, já que, ao mesmo tempo, a terceira e maior de todas as mudanças contemporâneas é a de nos transformarmos de seres ouvintes em seres falantes, diante do meio de comunicação e suas propostas ou referentes, aos quais antes só podíamos reinterpretar, mas não desconstruir.

Não se requer apenas estimular o diálogo das radiodifusoras com terceiros, como fez a rádio educativa nos melhores momentos de sua história. Agora se trata de propiciar a interação real dos usuários da rádio com os próprios conteúdos para a expressão, transcendendo a mera recepção radiofônica. O desafio parece fácil, embora seja complexo. Como educar para a fala, para a expressão através da escuta radiofônica? Propiciando a expressão e produção comunicativa dos radiouvintes convertidos em emissores de sua própria palavra.

Sendo assim, nessa dimensão, o rádio – e qualquer outro meio em perspectiva educativa – deve assumir a participação real dos receptores na conformação de seus processos educativos, de seus materiais e conteúdos, assim como de suas estéticas. Deve-se facilitar a expressão múltipla e criativa dos envolvidos no processo radiofônico, desde os que comandam a cabine de onde se envia o sinal até aqueles que o recebem, o retrabalham ou o desconstroem, e o reenviam, transformado, para reiniciar ou continuar o processo de interação, dentro do qual vão ocorrendo as aprendizagens, e no qual vai germinando o conhecimento.

Do MEB à WEB contém uma série de reflexões, propostas, análises e narrações de experiências significativas e específicas que possibilitam uma visão de conjunto dos caminhos e critérios factíveis para a futura radio educativa. Nesse sentido, este é um livro que abre espaço para se abordar, no cenário contemporâneo dos meios e tecnologias, possíveis estratégias educativas, com e a partir da rádio, relevantes para seus novos usuários no mundo digital.

Apresentação

Esta é uma conversa que se estabeleceu através da web. É uma conversa que foi gerando novas conversas – muitos e-mails – e que terminou sendo escrita a quatro mãos, separadas por um oceano, e com a participação de muita gente.

Tudo começa com uma historinha ocorrida em um mês de julho de um passado não muito distante, lá pelo final de década de 1970, nos corredores da Pontifícia Universidade Católica (PUC) de São Paulo (ou foi na do Paraná, a memória talvez nos traia!). Corríamos desesperados procurando a diretoria da Sociedade Brasileira para o Progresso da Ciência (SBPC) para impedir que a Polícia Federal tirasse do ar e prendesse os integrantes de um grupo de jovens ligado ao movimento de rádios livres, que transmitia ao vivo a SBPC para a própria SBPC. Foi uma luta de uma tarde inteira, e a diretoria da SBPC à época não fazia quase nada! Vários pesquisadores se mobilizaram para evitar essa violência, e a rádio continuou a funcionar e os equipamentos não foram apreendidos.

Um pulo no tempo nos leva a outra reunião da SBPC, dessa vez uma regional, ocorrida em Teresina, no Piauí. Estávamos no almoço, Nelson e o professor José Peixoto Filho conversavam sobre as propostas que poderíamos apresentar para outras reuniões regionais da SBPC. Era uma conversa afiada, Nelson falava sobre os projetos de pesquisa que envolviam tecnologias da informação e comunicação, e Peixoto, sobre suas pesquisas e experiências na época do Movimento de Educação de Base (MEB), na década de 1960. Imediatamente, com as histórias que contava sobre o MEB, veio à cabeça um movimento da letra M virando W e, nasceu assim, o projeto "Do MEB à WEB: o rádio na Educação". Para dar início à proposta, elaboramos um projeto de pesquisa, submetido ao Programa Institucional de Bolsa de Iniciação Científica (PIBIC) na Universidade Federal da Bahia (UFBA), que foi sendo tocado desde o ano de 2004. De lá para cá, muita coisa aconteceu, como o leitor poderá ver neste livro.

As pesquisas que deram origem a esta publicação, nos nossos grupos na Universidade Federal da Bahia e na Pontifícia Universidade Católica de Minas Gerais (PUC Minas), estão integradas a projetos maiores, com apoios diversos entre os quais os da Fundação de Amparo à Pesquisa do Estado da Bahia (FAPESB), da Fundação de Amparo à Pesquisa do Estado de Minas Gerais (FAPEMIG), do Conselho Nacional de Desenvolvimento Científico e Tecnológico (CNPq) e da Coordenação de Aperfeiçoamento de Pessoal de Nível Superior (CAPES). Dessas pesquisas, foram tecidas novas redes de conexões. Na Bahia, elas possibilitaram, entre outras ações e produções, a implantação de duas rádios web, uma na Faculdade FACED/UFBA e outra no município de Irecê, a 500 km de Salvador, como parte de um projeto maior de formação de professores, em parceria com a Prefeitura daquela cidade, que inclui a presença de um ponto de cultura (Ciberparque Anísio Teixeira, com apoio do Ministério da Cultura) e do projeto Tabuleiros Digitais (apoiado no seu início pela Petrobras).

Por outras bandas, nas muitas Minas de Guimarães Rosa, de muitos modos e muitas formas, estamos, desde os anos 1970/1980, especialmente a partir das andanças pelo Vale do Jequitinhonha, dialogando sobre as possibilidades de uma comunicação comprometida com as necessidades e expectativas populares. Tempos de muitos sonhos, nos quais já tentávamos ler a mídia pela ótica de autores como Paulo Freire, Martin Barbero, Armand Mattelart e tantos outros. Experiência que começa a se rearticular hoje, em torno do Grupo de Pesquisa em Educação e Culturas (EDUC), do Programa de Pós-Graduação em Educação da PUC Minas, que tem, entre seus temas de investigação, a mídia e as sociabilidades contemporâneas, estimulando alunos, em geral professores da Educação básica, a incorporar em sua formação e prática essa inevitável e fundamental relação entre cultura, mídia e escola, para o melhor entendimento das aprendizagens em tempos de hipertecnologias.

Dessas conversas espichadas e não interrompidas "ao pé do meio digital", especialmente entre os organizadores desta publicação, nasceu este livro com o objetivo de contribuir com a discussão e práticas dos usos do nosso velho e bom companheiro rádio e de sua reinvenção digital, web rádio, na Educação. O que buscamos, portanto, foi pensar de forma ampla a questão da Educação e da Comunicação, convidando não apenas autores que concordassem com uma ou outra abordagem da temática, que é ampla e complexa por sua própria natureza. Consideramos importante incorporar à essa discussão a questão dos softwares livres, pela sua importância estratégica na conjuntura contemporânea, uma vez que, para a Educação e a Cultura, esse movimento é chave para contribuir com a emancipação do País em termos científicos e tecnológicos.

O leitor poderá trafegar por diversas abordagens e experiências educativas com o rádio no Brasil e em outros países. Os artigos de José Peixoto Filho e de José Marques de Melo, ambos sobre o Movimento de Educação de Base (MEB), são o mote histórico e articulador dos demais escritos. Em "O Rádio e a Educação: a experiência do MEB e as contribuições para a Educação popular", Peixoto Filho registra e analisa a experiência de um programa radiofônico voltado para a Educação de trabalhadores rurais no nordeste, projeto assumido por parte da Igreja Católica no Brasil. Por outro lado, e na condição de "testemunha ocular da história", José Marques de Melo nos conta sobre os bastidores da idealização e da implantação de projetos de Educação popular no Brasil, entre eles, o MEB, no capítulo "Mídia, Educação e Cultura Popular: notas sobre a revolução sem violência travada em Pernambuco no tempo de Arraes (1960-1964)", que, como o título sugere, remete às iniciativas de conquista, não sem contradições e disputas, por espaços educativos como estratégias de politização e de participação em períodos muito datados e críticos da história recente do País. Dois escritos, dois pontos de vista, convergentes em alguns aspectos, divergentes em outros e que revelam o quanto ainda há que se investigar sobre os anos de chumbo no Brasil e como as marcas desse período foram impressas em projetos políticos e sociais, coletivos e individuais.

O capítulo seguinte faz o link entre esse passado e o que está se anunciando como o futuro. Em "Rádio web na Educação: possibilidades e desafios", Nelson De Luca Pretto, Maria Helena da Silveira Bonilla e Carla Sardeiro resgatam pesquisas sobre a temática e articulam as experiências de uso do rádio na Educação com as novas possibilidades trazidas pelo uso das tecnologias digitais a fim de promoverem a implementação de rádios web nas universidades e escolas. Destacam a rica possibilidade da cibercultura mostrando que o rádio pode ser um elemento promotor da valorização da cultura local com uma interação planetária.

Já Cicília Peruzzo, no capítulo "Rádios livres e comunitárias, legislação e educomunicação", sugere algumas pistas sobre práticas comunitárias de comunicação a partir do rádio, principalmente no que se refere às dimensões política e educativa e às limitações impostas aos grupos civis que procuram exercitar o direito à comunicação. Na sequência, em "A rádio comunitária na construção da cidadania e da identidade", Lílian Bahia analisa o papel das rádios comunitárias na construção da cidadania, fundamentando-se na experiência das Rádios União (Belo Horizonte, MG) e Inter-FM (Brumadinho, MG), na reconfiguração da esfera pública na região Metropolitana de Belo Horizonte. Já Mauro José Sá Rego Costa traz novos acordes para o discurso do/sobre o rádio na "busca de um rádio inventivo". Passeando pelas paisagens sonoras de Schafer, o capítulo descreve e amplifica como foi feito "Para criar o site Radioforum, em busca de um rádio inventivo".

No capítulo "O rádio dos meninos", Fábio Martins resgata o pioneirismo de Roquette-Pinto na história do rádio no Brasil discutindo conceitos como os de "educomunicação" e "educomídia" e analisando uma experiência de rádio na escola implantada em Minas Gerais. Em "Rádio como política: uma experiência paradigmática em educomunicação", Ismar Soares, analisa o Projeto Educom.rádio, que nasceu em 2001 da parceria entre a Secretaria Municipal de Educação de São Paulo e o Núcleo de Comunicação e Educação da Universidade de São Paulo (NCE-USP). A partir da mediação de uma gestão colaborativa e democrática dos recursos da comunicação, o projeto introduziu a "prática educomunicativa" nas escolas. A experiência de uma rádio comunitária de grande repercussão no Brasil, a Rádio Favela, de Belo Horizonte, é objeto da análise de Ana Paula Bossler, no capítulo "Divulgação científica na Rádio Favela FM: percursos discursivos e a ciência na ausência da imagem", em que a autora mostra como a divulgação do conhecimento científico ocorre nesse veículo de modo a aproximá-lo e torná-lo familiar ao não cientista, contemplando a "ciência" presente no cotidiano das pessoas. O capítulo "Soluções em software livre para rádio web", de Nelson Pretto, Maria Helena Bonilla, Fabricio Santana, Bruno Gonçalves, Mônica de Sá Dantas Paz e Hilberto Costa, introduz, de forma mais específica, a questão do uso dos softwares livres na implementação de rádios web nas escolas, constituindo-se num importante "roteiro" das possibilidades, dos programas e das configurações necessárias para que professores e alunos possam implantar projetos de rádios nas escolas e universidades.

Deste capítulo atravessamos o oceano Atlântico e trazemos as experiências europeias de Portugal e Espanha, com estudos comparados que enriquecem e aprofundam a compreensão de experiências nacionais. Em "A rádio universitária como modalidade educativa audiovisual em contexto digital: os casos da Espanha e de Portugal", escrito por Marcelo Mendonça Teixeira, Juan José Perona Páez e Mariana Gonçalves Daher Teixeira, vemos como o rádio na web vem se consagrando como um importante instrumento auxiliar e de apoio às aulas e que vão muito além do potencial instrutivo e formativo que historicamente tem conferido às instituições de ensino. Por último, fechando livro e na esteira das profundas mudanças que vêm ocorrendo no campo educacional com a inserção das tecnologias digitais, "Publiradio.net: desenho, desenvolvimento e avaliação de materiais didáticos *on-line* para a formação em comunicação", de Maria Luiza Barbeito, apresenta o processo de mudança vivido nas universidades espanholas, com a sua incorporação ao Espaço Europeu de Educação Superior (EEES).

Mesmo sabendo que não cobrimos nem um mínimo das experiências em Educação e Comunicação, esperamos que esta publicação da Coleção Cultura, Mídia e Escola ofereça ao leitor um pouco mais das inesgotáveis possibilidades que cercam e articulam saberes e fazeres em Comunicação e Educação.

**Nelson De Luca Pretto e
Sandra Pereira Tosta**

O Rádio e a Educação
A experiência do MEB e as contribuições para a Educação popular

José Peixoto Filho

Num passado recente, anterior ao golpe militar de 1964, tiveram forte expressão alguns movimentos educativos ligados às camadas populares, nos quais, de modo bastante intenso, toda a problemática da Educação Popular estava colocada, quer seja no campo da reflexão teórica e das lutas político-ideológicas, quer seja no campo das realizações e atuações práticas. Quatro deles tiveram atuações político-pedagógicas bastante intensas, no campo de Educação e das artes, embora seus tempos de existência tenham sido curtos e interrompidos de forma violenta pelo golpe que instaurou a ditadura militar no Brasil, cujas consequências são de conhecimento universal. Os quatro principais movimentos foram: Centros Populares de Cultura da União Nacional dos Estudantes (CPC – UNE); Movimento de Educação de Base (MEB); Movimento de Cultura Popular (MCP) e campanha De Pés no Chão Também Se Aprende a Ler.

Este capítulo destaca o MEB por ter sido este o único a utilizar o rádio como meio e instrumento para sua atuação educativa e pedagógica. Nesse sentido, ele não só realizou em profundidade a sua proposta como também trouxe para a Educação brasileira, por meio de seus trabalhos concretos, contribuições para a utilização do rádio como instrumento didático e pedagógico para a Educação popular em geral e para a alfabetização de adultos.

A importância do rádio no trabalho do MEB incorporou o potencial comunicativo desse instrumento, quando o tornou não apenas um transmissor de sons e vozes, mas lhe deu um novo significado, no qual a própria voz humana recontextualizada assume explicitamente um papel educativo. Alda Cunha, em artigo escrito no Chile, em 1970 (p. 3), afirma que

> [...] a voz cega do rádio, pode parecer em si pobre como veículo de uma Educação libertadora, radicada substancialmente em um intenso processo de comunicação ideológica. No entanto, observamos que programas radiofônicos, portadores de dados aparentemente limitados, na medida em que prevêem temas significativos do povo, tornam-se capazes de mover uma viva atividade no interior das pessoas, acionando um rico esquema perceptivo com dados e experiências já adquiridos.

Assim, os estados de consciência do educando se intensificam e, nessa reconstrução de imagem perceptiva, colaboraram suas experiências passadas, seus hábitos, seus estados afetivos, suas escalas de valores e sua visão de futuro. A imagem total que se constrói no educando-ouvinte será em grande parte sua criação pessoal, trabalho próprio. Escutar é o método pelo qual a maioria das pessoas aprende, é o meio pelo qual se transmitem as tradições culturais, é o complemento recíproco de falar. A valorização da expressividade e do caráter da voz humana é, sem dúvida, uma das incumbências e responsabilidades mais relevantes de um sistema radioeducativo, no qual a ação de escutar e a ação de falar são integradas criticamente por professores, auxiliares, técnicos e comunicadores, em um intercâmbio de experiências que se proponham tê-las em comum.

Desse modo, o MEB, ao realizar o esforço de transformar o rádio num instrumento pedagógico, buscou elaborar suas atividades, o que lhe permitiu a produção de uma diversificada gama de ações próprias do trabalho educativo na área popular.

Origem do Movimento de Educação de Base (MEB)

No final da década de 1950, durante o Governo Juscelino Kubitschek, uma série de gestões foram feitas entre o Estado brasileiro e a hierarquia da Igreja Católica, no sentido de buscar soluções para os problemas das populações pobres do País. No bojo dessas gestões, confluíram interesses, e novas alianças foram estabelecidas entre esses dois poderes, para que fossem realizadas ações com as referidas populações.

A conjuntura econômica que marca o período da formulação e da existência do MEB e dos outros três movimentos caracteriza-se pelo desenvolvimentismo. Tal situação fez com que surgissem necessidades de maior participação de toda a sociedade civil, seja no nível da "produção", seja no nível das decisões. Por outro lado, o jogo político era marcadamente populista e caracterizado por uma crise de hegemonia, de forma que a permanência dos grupos oligárquicos de nenhum modo se reduzisse à preservação de suas conexões, mas se associasse "também às novas formas que assumem as suas relações sociais e políticas" (WEFFORT, 1978, p. 119).

Entre as diversas propostas de trabalho com as camadas populares, o MEB se concretizou por meio de um convênio entre a Presidência da República e a Conferência Nacional dos Bispos do Brasil (CNBB), em março de 1961, no Governo Jânio Quadros.

O MEB realizou um amplo espectro de trabalho de Educação popular, no campo da alfabetização e das mobilizações sociais dos setores camponeses, nas áreas de sua atuação. Foi o resultado de um Estado em crise, que se acirra no Governo João Goulart, cujas práticas de alguma maneira estavam ligadas a padrões de conduta política e social postos em vigência pela velha burguesia oligárquica, o que exigia, para sua renovação e mudança, uma ação mais contundente, especificamente no campo da Educação.

Segundo Weffort (1978), a peculiaridade do populismo, em relação a outros tipos de movimentos populares, é que em nenhum de seus grupos componentes aparece o título de representante dos interesses gerais das classes a que pertencem. Ele é constituído por meio de alianças apenas tácitas entre grupos de classes sociais diferentes e subordinadas aos limites do *status quo*. Entretanto, é importante assinalar, pelo particular significado que assume dentro do processo produtivo, que, nessas alianças, a presença das classes populares, embora também subordinadas ao mesmo jogo político, são um fator poderoso e peculiar de pressão e de busca de democratização do Estado.

Historicamente, em todos os movimentos, as pressões derivadas das lutas por salários, melhores condições de trabalho, etc. nunca estiveram dissociadas das lutas por direitos políticos e sociais mais amplos. Nesse sentido,

> [...] o populismo desenvolvimentista prometia um futuro melhor uma vez que o progresso da nação se estendia a todos com abundância de oportunidades e a geração de riquezas: empregos, melhores salários, mercadorias, estradas, escolas, entre outras, isto é, as grandes metas do desenvolvimento. E ainda reforçava os aspectos de liberdade e representatividade da democracia liberal. Isso tinha um significado muito específico para uma população que guardava a memória suficientemente fresca de uma fase de restrições políticas (BEZERRA, 1977, p. 4).

Essa conjuntura teve como consequência uma recolocação de problemas na área da Educação e Cultura, nos seus pontos considerados mais críticos e tidos como entraves ao desenvolvimento do País, como: analfabetismo, formação de mão de obra especializada, formação de recursos humanos de nível médio e superior. Assim é que, a partir da discussão sobre analfabetismo, são levantados questionamentos em torno da participação da maioria da população nos destinos da nação brasileira. Em consequência disso, alguns educadores brasileiros vão situar a participação política dentro da problemática da Educação e Cultura na busca de soluções para as grandes questões nacionais.

Cabe aqui destacar a importância histórica de Paulo Freire, que, com seus trabalhos teóricos e a elaboração de uma metodologia para a alfabetização das grandes massas e suas contribuições à Educação popular, vai influenciar profundamente não apenas os trabalhos desse período, mas toda a Educação no Brasil e em outros países nas décadas posteriores.

A prática pedagógica no MEB

Na prática de Educação popular desenvolvida pelo MEB entre 1961 e 1966, os seus agentes de Educação popular empregavam técnicas, métodos e recursos, muitas vezes simples e artesanais, mas bastante criativos quanto à comunicação com o povo. Esses instrumentos e meios, na maioria das vezes, se utilizavam da própria história e da experiência comum das pessoas envolvidas, tais como os recursos da tradição oral, baseados nas relações afetivas e interpessoais que as próprias comunidades criavam como formas de sobrevivência. Usavam, para isso, temáticas conhecidas de todos, como o trabalho, a religião, o lazer, entre outros, possibilitando, com isso, maior divulgação das ideologias dominadas para setores mais amplos da sociedade, ganhando, portanto, amplitude e conquistando aliados.

O MEB tem como instrumento pedagógico básico o rádio, que possibilitou, em função das suas características, o desenvolvimento de atividades que buscavam, ao mesmo tempo, o uso das técnicas de comunicação, consideradas avançadas para a época, numa perspectiva de fazer Educação a distância, mas também a sua interação com as atividades locais, dentro das salas de aula e nas comunidades. Para tanto foram utilizados métodos e técnicas didático-pedagógicas, umas já conhecidas, e outras criadas no próprio desenrolar do trabalho. Através da utilização do rádio, considerada a sua abrangência, foi possível chegar aos locais mais distantes do País, transformados em sala de aula.

Destacaremos neste capítulo três atividades pedagógicas elaboradas pelo MEB em Goiás, com o intuito de atender aos seus objetivos de alfabetizar adultos e também de realizar trabalho político que permite o processo de conscientização dos trabalhadores, principalmente os trabalhadores do campo, a saber: Encontros, A Comunidade se Reúne e Nosso Mutirão.

Encontros

Uma das mais ricas formas de trabalho criada pelo MEB denominou-se Encontros, a qual começou a desenvolver-se no ano de 1963, nos municípios onde funcionavam as escolas radiofônicas, com os seguintes objetivos: complementação do trabalho radiofônico, contato direto com as comunidades, revisão e planejamento conjunto e movimentação e abertura às comunidades. Cada Encontro abrangia um município, era realizado aos domingos, num local indicado pelo monitor. Começava geralmente com a apresentação, por um supervisor, de pontos já vistos anteriormente, como início de debate. Era também feita com enquetes ou peças de teatro levadas, inicialmente, pela Equipe Central e, posteriormente, elaborada pelos próprios alunos. Nos primeiros Encontros, o debate partia de uma percepção crítica da realidade. Nos últimos, o debate era centrado na visão do existir humano e suas exigências. Depois dos debates, em grupos separados com monitores e alunos, uma supervisora fazia a revisão do trabalho, a fundamentação, a motivação e o planejamento. Ao fim disso, novamente com a "turma" reunida, era realizado um "show", apresentado pelas pessoas do lugar.

Os Encontros continham, numa primeira parte, o Guia do Monitor, espécie de apostila que visava consolidar os conhecimentos deste. Numa segunda fase, uma apostila de fundamentação geral, que consistia no caderno sobre o problema do Homem e a História. A tarefa concreta de continuidade, na primeira fase, buscava o aumento do número de escolas. Na segunda fase, pretendia-se a união de uma maneira generalizada, pois, ao lado das reivindicações a respeito da escola, aparecia a motivação para sindicatos, clubes de mães, cooperativas e outras formas organizativas da comunidade.

O segundo tipo de Encontro foi estruturado tendo em vista o planejamento e a supervisão de aulas, de maneira que cada uma dessas atividades, embora conservasse suas características e seus objetivos próprios, formasse, juntamente com os Encontros, um trabalho global complementar. Esse novo esquema surge, como era comum se fazer, a partir das críticas e conclusões tiradas dos dias de estudo anteriores, com vistas à unidade do trabalho. O processo de encaminhamento desse segundo tipo foi o seguinte: fortificação do trabalho já feito; continuidade através de uma tarefa possível no lugar; descoberta e formação de possíveis líderes de animação; engajamento concreto desses líderes num trabalho de animação [...]; "programa de sábado" – este programa era ouvido a convite do líder por várias comunidades juntas, depois complementados por elaboradores (músicas, declarações, debates, etc.) das comunidades; "reunião com pessoas do lugar" – o líder procurava realizar reuniões com pessoas do lugar que pudessem integrar o trabalho; "colaboração na radicação de escolas".

Como fazer os meios

O *Como fazer os meios* eram os mesmos utilizados no primeiro tipo, acrescidos de uma reunião dos líderes no final do Encontro para:

- fazer revisão do Encontro,
- planejar o tipo mais adequado de trabalho para continuação de animação, fortificação e aumento de escolas;
- levantamento de pessoas do lugar disponíveis e adequadas para integrar a equipe local do trabalho;
- levantamento de novas sugestões. (MEB/Goiás, 1964, p. 6)

Esses Encontros representaram, dentro do trabalho do MEB, a oportunidade de integração entre equipe central, monitores e comunidade local, com uma conjugação de esforços e reflexões para viabilizar o aprendizado em conjunto com camadas populares.

A preocupação com essa perspectiva pedagógica foi constante nos trabalhos do MEB e perpassou todas as atividades assumidas pela Equipe Central. Entretanto, isso não quer dizer que não houvesse, por parte da Equipe, uma intencionalidade, uma razão consciente para levar adiante os trabalhos. O compromisso fundamental residia em acreditar que o pessoal da comunidade deveria assumir a condução dos trabalhos. Para que isso se tornasse possível, era necessária a vivência comum de todos os passos do processo desencadeado, buscando juntos os encaminhamentos necessários para a execução das tarefas que permitissem às camadas populares o uso de suas próprias técnicas e formas de aprender e de se comunicar.

Por outro lado, no processo pedagógico do Encontro, apresentado como um oferecimento das comunidades de Serrinha e Grama para a comunidade Cabeceira do Inhumas, vemos explicitamente a preocupação com essa proposta/perspectiva de pedagogia já na reunião preparatória:

> A equipe foi ao município, num dia marcado previamente, para uma troca de idéias com os monitores, sem nenhum esquema de reunião. Apenas tínhamos claro que somente os monitores opinariam de fato a respeito do Encontro. Não nos preocupamos em dirigir a conversa. Passamos uma tarde juntos e o assunto ia saindo normalmente, entremeado com outras conversas. No fim do dia, paramos e fizemos – juntos – um apanhado geral tentando coordenar as opiniões, no sentido de clarear os objetivos e os meios para a realização do Encontro (MEB/Goiás, 1964, p. 8).

Como atividade centralizadora de todos os trabalhos do MEB, os Encontros passaram a representar papel fundamental na elaboração pedagógica desenvolvida pelo movimento nas camadas populares. Eles foram o núcleo central da Animação Popular, com a Equipe Central atuando de forma contínua e ativa, dando uma assessoria constante à comunidade, fornecendo elementos para a reflexão sobre os problemas levantados, para os quais a comunidade não possuía as informações necessárias.

A comunidade se reúne

O programa radiofônico, "A comunidade se reúne" foi criado para desempenhar uma papel de assessoria pelo rádio, apresentando quadros com os problemas comuns às comunidades rurais, divulgando as experiências e solicitando sugestões para os debates. Esse programa era apresentado aos sábados, com diálogos teatralizados, cujos personagens, retirados do dia a dia da vida rural, serviam como elemento animador das reuniões que se realizavam nas comunidades, geralmente aos domingos. Para a sua elaboração, a Equipe Central contava com a participação dos monitores e de pessoas que, embora não pertencessem ao quadro de funcionários do MEB, colaboravam continuamente.

Esse programa, procurando sempre mostrar a importância do diálogo entre os diversos grupos e as pessoas da comunidade, e também entre estas, contribuiu para a criação de instrumentos pedagógicos que possibilitassem aos próprios monitores e líderes encaminhar soluções e buscar formas organizativas, como podemos ver pelos recados que os monitores trocavam entre si, utilizando muitas vezes os próprios programas.

> [...] ao nosso Amigo Raimundo e seus companheiros, já que eles são cinco e a comunidade não quer ir as reuniões deles, é eles ir a reunião da comunidade, la no baile do seu Zé nas fogueiras dos vizinhos ou mesmo na marca do serviço do compadre Manoel e explicando a eles, até que eles se enterece no assunto e assim passem a comparecer as suas reuniões, e isto que tenha como primeiro passo (Oscavu, 15 jun. 1965 – Correspondência à Equipe Central do MEB/Goiás (MEB/Goiás, 1967).
>
> A evolução da experiência deste programa deu-se a partir de exigências da comunidade em cima de um programa inicialmente transmitido apenas como orientação dos monitores: Encontro com o Monitor era 15 minutos. Para essas orientações foi criado um programa específico para os monitores, e o programa de sábado foi transformado em 'A Comunidade se Reúne', com duração de 60 minutos... Os encontros da comunidade no domingo e o programa de

sábado passaram a ser mais importantes que as aulas. Todo o processo das aulas, aquele blá, blá, blá todo, durante a semana, aquilo mais importante, que era o contato direto através dos encontros de comunidade. E o programa de sábado, que de um programa para monitor [...], houve toda uma evolução, passou a ser um programa da comunidade. Passou a ser um negócio mais amplo, porque inclusive não era só feito pelo pessoal do MEB. E havia lugares em que o programa de sábado era ouvido com muito interesse, lugares onde não tinham nem MEB [...] (Darcy Costa – Entrevista em 15/8/1982).

Para a comunidade, o programa servia também como motivação, não só para reuniões como também para realização de festas e leilões durante os quais se conseguia dinheiro para manutenção das escolas e outras atividades.

> [...] acabamos de ouvir neste momento o encontro com o monitor, hoje realizado aqui na casa do companheiro Oscavu, achamo-nos reunidos neste momento com muitos dos nossos alunos, e grande parte de moradores aqui do arredor, está sendo movimentado lá fora os leilões para a manutenção de nossa escola [...](Moreira, 25 jun. 1963 – Correspondência à Equipe Central do MEB/Goiás, MEB/Goiás, 1967).

> [...] nossos programas de sábado está muito animado, o programa de hoje vai ser realizado aqui na sala de aula, o de São João foi realizado na casa dos alunos... e já temos uma fila de pedidos, através dos leilões de dois programas compramos um carrego para o rádio, um litro de Álcool para o funcionamento do Lampião e ainda temos em caixa a emportancia de comprar uma lata de queroseni para o 2º semestre (Moreira, 29 jun. 1963 – Correspondência à Equipe Central do MEB/Goiás, MEB/Goiás, 1967).

Entretanto, não foi apenas em razão de animar a comunidade que o programa teve grande êxito. Os seus conteúdos eram debatidos e discutidos nas conversas existentes durante as festas e reuniões. Posteriormente, os monitores relatavam essas discussões em correspondência à Equipe Central, quando esta não se encontrava presente.

Hoje depois de ouvir o programa da comunidade, a turma com nós concordamos com sugestão da monitora sobre reforma agrária, e além desta, sobre o sindicato rural, achamos que é de grande proveito uma explicações sobre o assunto, o sindicato e seus objetivos, e quanto a reforma agrária grande parte de camponeses compriendem que é tomar terra dos fazendeiros, ou obrigá-los a dara as terras sem arrendos, acham também que sindicato só serve para questionar com os patrões e ataca-los (Oscavu, 3 ago. 1963 – Correspondência à Equipe Central do MEB/Goiás, MEB/Goiás, 1967).

Entre os camponeses crescia a audiência, e o programa alcançava seus objetivos.

[...] nosso programa é o campião do horário, quando o rádio está no ar todos os que possuem rádio fás questão de ouvir de volume aberto, o programa inteiro, podemos orgulhar com nosso programa... (Moreira, 1º nov. 1963 – Correspondência à Equipe Central do MEB/Goiás, MEB/Goiás, 1967).

E nos setores dominantes da sociedade, era visto como perigoso por ser contrário aos seus interesses. Porém, não podendo impedir a sua irradiação, uma vez que o MEB contava com apoio explícito de Dom Fernando Gomes dos Santos, arcebispo Metropolitano de Goiânia, tais setores atuavam em meio às pessoas da Rádio Difusora de Goiânia, que o transmitia, conforme depoimento da coordenadora.

O pessoal da Rádio Difusora tinha uma raiva danada da gente e eles todos os dias, naquele horário... o Dom Fernando forçava, mandava, mas o dia que eles podiam sabotar, sabotavam. Eles coravam a luz, coravam o som no meio da aula, dos programas, etc. eles tinham uma raiva enorme porque o Dr. Bittencourt, ele queria usar os programas do MEB, que tinham uma audiência muito grande na zona rural, pra fazer grande propaganda política dele, porque ele foi candidato a deputado. E a gente não aceitou de jeito nenhum. Então a partir daí ele teve a maior má vontade com a gente. Ele só cedia mesmo o horário por causa do Dom Fernando, que a rádio era do Dom Fernando e ele mandava... Nossa! Eu me lembro quantas vezes começava a ouvir o programa, cortava o som! Eu saía de casa, morrendo de raiva, chegava lá, xingava todo mundo, telefonava pro Dom Fernando ligava pra Difusora: – Que tá acontecendo?! – isso foi muitas vezes... É... eu tenho a impressão de que pra eles, quando acabou, foi o maior alívio. Mais uma hora de patrocinadores. Que a gente não tinha patrocinadores, era protegido [...] (Maria Alice Brandão. Entrevista, em 13, 14 e 15/6/1982).

A grande aceitação desse programa pelas comunidades devia-se ao fato de ser ele motivador e desencadeador de situações para discussões, as "conversas sérias"; ser também um momento de lazer em que a comunidade divertia-se, brincava e reconhecia-se nos personagens.

Saliente-se que a recuperação do lúdico foi fundamental no processo pedagógico utilizado. A sensibilidade da Equipe Central em captar esse aspecto da Pedagogia, possibilitando que a escola propiciasse momentos de divertimento/aprendizagem, permitia, ainda, que a troca se fizesse numa linguagem possível de ser entendida por todos. Não se tratava apenas de uma tradução simplista de um conteúdo complexo, mas do reconhecimento de uma linguagem própria, de formas de comunicação e de aspectos culturais de uma região historicamente contextualizada.

A fala das personagens identificadas com pessoas das comunidades, a respeito de questões locais, conjunturais ou estruturais, em linguagem própria das comunidades, foi, sem dúvida, um dos componentes pedagógicos importantes para o processo educativo e de conscientização. Recuperamos mais adiante um desses programas, o que contribuirá, espera-se, para melhor caracterizar essa afirmação.

Nosso Mutirão

O mutirão é uma prática utilizada tradicionalmente pelas camadas populares para realizar trabalhos. No meio rural, especialmente, é bastante utilizado como forma de se conseguir mão de obra necessária para o cultivo da terra. Nesse processo de cooperação, os camponeses conseguem trocar suas forças de trabalho em todas as tarefas necessárias, como barrear casas, melhorar e abrir estradas, limpar, plantar e colher, etc. Assim, o mutirão desempenha uma função de solidariedade e de companheirismo importante à sobrevivência desses estratos sociais. Por outro lado, o mutirão tem um sentido festeiro, recreativo, no qual predomina a alegria da ajuda mútua. Dessa maneira, praticamente todos os acontecimentos festivos são realizados em forma de mutirão, como os casamentos, os batizados e as festas religiosas locais, onde se reúnem homens e mulheres de todas as idades, cada um contribuindo como pode, na condição de doceiras, costureiras, quitandeiros, músicos, carpinteiros, entre outras.

Inspirado nesse espírito de cooperação, solidariedade e no imenso caráter lúdico do mutirão, o MEB/Goiás criou um programa radiofônico baseado quase sempre nas situações vividas pelas pessoas da comunidade. Tal programa apresenta, em forma de pequenas peças de radioteatro, as questões de fundo que serviriam de base para uma discussão entre os monitores ou líderes e a comunidade, nas salas de aula ou em qualquer outro lugar em que houvesse um rádio. O primeiro deles foi ao ar em 24 de março de 1966 e, dada a sua importância para a compreensão global do trabalho do MEB, sua função didático-pedagógica e o resgate histórico que ele possibilita, reproduzimos abaixo parte de um desses programas Nosso Mutirão.

> LOC – Atenção, ouvintes, o Movimento de Educação de Base de Goiás, através da R. Difusora de Goiânia, passa a apresentar...
>
> TEC – Música prefixo: Mutirão
>
> LOC – Nosso Mutirão
>
> TEC – Continua Mutirão
>
> LOC – Mais um programa dedicado às comunidades de Goiás
>
> TEC – Mutirão
>
> PROF – Boa noite, gente amiga que nos ouve. Hoje é dia de festa pra nós todos, porque aparece mais uma oportu-

nidade da gente estar junto, trocando ideias, trabalhando, aumentando a nossa união.

LOC – Isso mesmo, pessoal. O Programa Nosso Mutirão, que apresentamos hoje pela primeira vez, deve ser mais um ponto de encontro em nossas vidas, nas vidas de todos aqueles que querem fazer alguma coisa de bom pelo seu próximo e pela sua comunidade.

TEC – Mutirão

PROF – E pra começar, Nosso Mutirão pede a atenção de todos vocês, porque nós vamos ouvir um caso, uma história muito importante. Muita atenção, minha gente, porque depois nós todos vamos conversar sobre essa história, a história de Zé Goiano e seus vizinhos.

TEC - _____

Zé Goiano – Como é que tá o menino, Balbina?

Balbina – Piorando, Zé. Tô quase desesperançada...

Z.G. – Pode não, Balbina. Há de havê um jeito. Num vai sê pro mode uma febre dessa que o Nico vai ficar sem vida.

Balbina – Sei não, home. Se nóis ao menos pudesse variá de remédio. Mais só essas folha fervida, fico com medo de não arresolvê.

Z.G. – Também nóis vive infurnado aqui pros mato, desconhecendo até o nome de algum medicamento que pudesse corta essa febre. Nem sei se tem alguém das redondeza que informa nesse assunto.

Zidoro – Epa, Zé! Falô em gente das redondeza, nóis aparece.

Z.G. – Bás noite, Izidoro. Bás noite, D. Merença. Vamo entrando, sem arrepará na sujeira, gente.

D. Merença – Bás noite, seu Zé. Pode aproveita Zidoro aí pra uma prosa, que eu vô mais a Balbina oiá o menino.

TEC - _____

Merença – Xi, Balbina! Daonde que veio tanta lama pras mão desse menino?

Balbina – Quá, sô. Eu já nem tô veno!

Merença – Mais num pode deixa de vê, Balbina. Essa sujeira pode até piora o mal do Nico, muié!

TEC - _____

Zidoro – Mas é como eu ia dizeno, Zé Goiano. Esse negócio qui ocê fala da gente num tá infomado nem pra oiá a saúde dos fio me põe pra matutá.

Juca – Eu também tô matutanto nesse seu caso, seu Zé. E mais em muitos outros casos que acontece aqui perto de nóis. Eu mesmo, sou vizinho d'oceis, num tenho filho, mas fico arreparando em tantas coisa que nóis tudo passa por aqui...

Zé G. – É mesmo, sô! A vida inteira nesse ramerrão, sem conhecer direito as coisa, os assunto...

Zidoro – Se nóis aprovetá o pensamento todo e oiá junto pros problema aqui do lugar, é capaz de nóis descobri muita coisa...

Zé G – Essa prosa já tá me deixano mais animado. Acho ruim mesmo é o home ficá pensando sozinho, sofrendo sozinho...

Juca – Óia, vamo começá por nóis? Já tamo aqui mesmo, uai! É só chama a D. Merença e D. Balbina, porque as muié deve ter muita coisa pra falá também.

Zé G – Ô, D. Merença! Ô Balbina! Chega prá cá. Ocêis já tava mesmo escutando a conversa lá de dentro, então vem ajuda nóis aqui nesse mutirão!

TEC – Mutirão

PROF – A história não acabou, minha gente. Ela continua aí, com vocês com cada comunidade que nos ouve. Vamos aproveitar a ideia do Zé Goiano e seus vizinhos? Vocês todos que estão reunidos e que ouviram a história, vamos conservar juntos?

TEC - _____

PROF – Bem minha gente, vamos ver então quais os problemas mais citados na conversa na casa do Zé Goiano.

LOC – Como nós ouvimos, o que deu motivo a conversa foi a doença do Nico.

PROF – Sim, a partir daí quanta coisa saiu...

LOC – A falta de higiene que contribuiu para que a doença se agravasse mais...

PROF – E como se não bastasse só isso, a fala de esclarecimento. Não sabiam o que fazer para que a febre cedesse um pouco.

LOC – É, de fato, não estavam esclarecidos sobre o que deviam, o que podiam fazer.

PROF – Pois é, minha gente, e o que faz com que não haja esclarecimento, troca de ideias, é o isolamento em que muitos de nós vivemos...

LOC – Mas no caso de Zé Goiano, a coisa parece que vai melhorar. O pessoal já está pensando em conversar sobre essa situação que eles estão vivendo. E isto é bom sinal.

PROF – É assim que todos reunidos podem dar suas ideias, trocar ideias, se organizarem.

LOC – Certo! E assim terão muito mais força, serão muito mais fortes. Porque os problemas só se resolvem se todos derem a parcela de sua contribuição, de seu esforço, de seu pensamento.

PROF – Muita gente pensando junto, pensa mais, tem mais possibilidade de acertar, de agir.

LOC – Vocês pensam assim, gente? Como é que resolveriam o problema do Zé Goiano?

TEC - _____

PROF – Na casa do Zé Goiano foram levantados os problemas que dissemos agora.

LOC – É. Mas muitos problemas que existem por lá não foram faladas ainda.

PROF – Certo. Mas em outras conversas, Zé Goiano e seus vizinhos descobrirão outros problemas e tentarão achar uma maneira, um jeito de resolvê-los.

TEC - _____

PROF – Assim, minha gente, vimos uma parte de nosso programa. Mais tarde apagaremos o rádio e continuaremos a conversar sobre os problemas do Zé Goiano. Agora vamos conversar um pouco, sobre...

O programa Nosso Mutirão procurava conscientizar o homem de sua ação sobre o mundo, motivá-lo para o trabalho em comum, fornecer-lhe dados acerca da realidade social e, em especial, da situação concreta do camponês no sociedade brasileira. Procurava também formar uma atitude de crítica diante do processo de exploração e dominação. O retorno das discussões realizadas nas comunidades pode ser visto na correspondência dos monitores à Equipe Central:

> [...] Vem por meio desta comunicar que hoje surgiu a primeira reunião sobre o problema dos programas de terça e quinta-feira hoje compareceu 14 pessoas todas acharam muito bom. Zé Goiano precisa de contato com os outros da sua comunidade para discutir o seu problema junto de orientação para sua vida, tem que ser conhecido com os outros homens sem orientação não pode viver bem... (Aristeu, 24 mar. 1966. Correspondência a Equipe Central do MEB/Goiás, MEB/Goiás, 1967).
>
> [...] Realizou-se na casa do Sr. Arnaldo Porto uma reunião do programa de terça-feira onde compareceu 13 pessôas trocamos idéias sôbre a vida de Zé Goiano depôs traçamos idéias sôbre a nossa vida (Porto, 29 mar.1966. Correspondência a Equipe Central do MEB/Goiás, MEB/Goiás, 1967).
>
> Realizou-se uma reunião na casa do Sr. José Brás de Deus na faz. Grama para assistir o programa do nosso mutirão. Ouvimos o programa, descutimos o açunto do homem que morreu por falta de esclarecimento por não saber que este remédio não podia ser bom. Este remédio tal como o fumo com urina é o mesmo como tem acuntecido aqui mesmo, por estêrco de animal ou as vez foi o patrão que não dava praso para o camarada procura um recurso de tratar. É assim que pode surgir uma porte antes do tempo (Porto, 14 abr. 1966. Correspondência a Equipe Central do MEB/Goiás, MEB/Goiás, 1967).

A intenção da Equipe Central era a de criar um instrumento de comunicação que permitisse desencadear debates e troca de informações nas comunidades. Essa experiência revelou-se bastante válida durante seis meses, mas não teve prosseguimento, em função das limitações impostas pela conjuntura política da época. Por outro lado, a ausência de pessoas que, preparadas para coordenar os debates, pudessem prescindir do rádio, tornou-se também um agravante para a continuidade do programa. A saída encontrada foi a realização de um treinamento para os coordenadores dos debates que pudesse preencher as lacunas deixadas pela ausência das emissões radiofônicas, tendo ocorrido em vários projetos em andamento no interior do MEB.

No caso de Goiás, esse treinamento foi concluído também pela necessidade de a Equipe Central elaborar um roteiro dos programas que seriam distribuídos aos coordenadores. Estes procuraram organizar nas suas comunidades pequenos núcleos de Nosso Mutirão, compostos por cinco ou seis pessoas responsáveis pela sua execução das atividades. Os roteiros elaborados para os coordenadores de debates seguiam o esquema do programa, partindo sempre de uma situação-problema. As situações-problema escolhidas foram as seguintes:

- O homem derruba e mata para o plantio: domínio da natureza – trabalho criado.
- Pessoas trabalham juntas para fazer o trabalho: cooperação.
- Trabalho desta fase servindo a outras pessoas: função social do trabalho;
- Há terras sem cultivo. Latifúndio improdutivo: conseqüências sociais da terra não aproveitada. (Relatório MEB/Goiás)

No roteiro sobre a situação-problema n° 2 destacaram-se os seguintes pontos para discussão nas comunidades:

- A relação de um homem com outros é feita por meio do trabalho. Todo homem tem várias necessidades, como: comer, vestir, ter casa, etc. Essas necessidades são atendidas com o fruto de seu trabalho e do trabalho do outro.
- Existe uma troca de trabalho. É fazendo essa troca que o homem tem relação com o outro, se comunica com outro.

- Todos os homens trabalham. Uns trabalham fazendo vestimentas, outros plantam e colhem alimentos. Todos esses homens juntos formam uma comunidade.

- Se numa comunidade todos trabalham e só alguns têm o que precisam para viver, outros que também trabalham e passam necessidades, não está havendo uma verdadeira troca de trabalho. Os que passam necessidades estão sendo explorados. Uns estão dominando os outros.

- Uma vida em comunidade só é verdadeira quando não existe dominação. Só é justa quando um homem trata o outro como homem e não como objeto que pode ser explorado, dominado.

- O homem só pode dominar a natureza. Tudo o que ele encontra na natureza ele pode dominar, mas não pode dominar outro homem. A relação entre os homens deve ser sempre de respeito, de valorização, de reconhecimento. (MEB/Goiás, 1967)

> A ideia do trabalho, nesta fase, passou a unificar toda a programação do MEB. Do trabalho concreto vivido e com essa matéria-prima de situações, formou-se o currículo básico. O currículo de qualquer matéria, fosse aritmética ou higiene, linguagem ou saúde, tomava o trabalho como ponto de partida e como ponto de chegada. Assim, o Nosso Mutirão fazia parte de uma unidade do programa nacional para as escolas radiofônicas do MEB no qual o educando encontrava-se envolvido e que se caracterizava por formar um todo compreensivo (Alda Borges - Entrevista em 16/8/1982).

Entretanto, se foram superadas as dificuldades técnicas e metodológicas, restaram as de caráter político do programa, para as quais a conjuntura da época encarregou-se de encontrar uma solução:

> O Programa deixará de existir no momento de ser levado ao ar, já que o horário escolhido em comum pelos líderes e pela Equipe Central foi requisitado pelo TRE, para a campanha da ARENA (MEB/Goiás, 1967, p. 10).

À guisa de conclusão

O trabalho pedagógico realizado pelo MEB, tendo o rádio como veículo de transmissão de suas atividades didáticas no campo da Educação popular percorreu uma trajetória intensa e diversificada na produção de atividades próprias do trabalho educativo. Nesse sentido, entende a alfabetização não apenas como uma aquisição de códigos que traduzam a linguagem oral, mas sim como um processo global que se inicia a partir da realidade do aluno, dos seus problemas, suas necessidades, sua relação com os outros homens e com o mundo. Assim, esse processo de alfabetização deve levar a um sentir, pensar e agir e, portanto, não é possível dissociá-lo dos outros níveis do conhecimento e formação. Nessa perspectiva, a aquisição da leitura e da escrita torna-se parte integrante de uma construção e reconstrução de saberes e conhecimentos aprendidos e apreendidos na luta cotidiana pela sobrevivência e na produção da vida.

A intencionalidade em interagir com o pensamento popular e a escolha do rádio como veículo de comunicação permitiu-nos, desde aquela época, repensar o próprio rádio a partir das suas históricas e bem-sucedidas atuações no amplo campo da comunicação com as camadas populares ao longo do século XX.

O uso das diversas formas de linguagem já utilizadas pelos profissionais do rádio (locutores, programadores, escritores e produtores de programas) foram os caminhos para a construção de novas linguagens pedagógicas e didáticas que permitissem a recriação da escola e da sala de aula, pelo MEB, ao realizar seu trabalho de Educação popular, articulando a Educação a distância com a presencial, num processo rico e de reinvenção da pedagogia pensada e compreendida como movimento.

Por outro lado, o avanço científico e tecnológico alcançado pela humanidade nos últimos 60 anos vem indicar e permitir novos caminhos e possibilidades, cada vez mais amplas, nos diversos campos do conhecimento humano. A produção de conhecimentos no campo das ciências da natureza e das ciências básicas, em especial a física em seus diversos ramos teóricos e experimentais, ampliou os horizontes para o desenvolvimento tecnológico e a produção de novos equipamentos para todas as necessidades da vida humana. O rápido e crescente desenvolvimento nas ciências da comunicação e da informação, com o surgimento de novos aparelhos e equipamentos, descortinou um universo de possibilidade para as comunicações entre os povos, até então inimagináveis. Como consequência trouxe também para as ciências humanas e sociais oportunidades infinitas de aplicações e investigações, com um novo universo inesgotável, que se renovam e se recriam a cada momento.

Se o uso do rádio analógico, que ainda nos parece o maior instrumento de comunicação popular, permitiu à Educação ampliar seus horizontes na área do ensino e da transmissão do saber e do conhecimento, reinventando-se no campo da Educação popular, imaginem as possibilidades trazidas pelo digital na busca da construção de novos caminhos pedagógicos.

Ao trocarmos o "M" do MEB pelo "W" do WEB, fazendo o jogo de inversões, necessariamente seremos obrigados, respeitando as experiências históricas e, ao mesmo tempo sendo históricos, a compreender os novos contextos em que se inserem todas as tecnologias, particularmente as experiências e possibilidades das rádios web.

Esse é o desafio do momento para que a elaboração de propostas pedagógicas para a Educação popular, seja ela presencial ou a distância, possam ser recriadas. É o desafio da investigação e da pesquisa científica para a produção de propósitos que venham contribuir para a construção de um mundo mais justo e mais humano para todos.

Referências

BEZERRA, Aída. *Atividades em Educação popular*. Rio de Janeiro: Tempo e Presença, 1977. (CEI, Suplemento 22).

CUNHA, Alda Borges. Aspectos metodológicos del uso de la rádio en la educación de adultos. In: *Encuentro latinoamericano sobre planeamiento de la educación destinada a los sectores populares.* Santiago do Chile, ago. 1970.

WEFFORT, Francisco. *O populismo na política brasileira.* Rio de Janeiro: Paz e Terra, 1978.

MEB/GOIÁS. *Relatório do 1º Semestre de 1963.* Goiânia, jul. 1963. Mimeografado.

MEB/GOIÁS. *Relatório de animação popular: encontros.* Goiânia, out. 1964, 11 p. Mimeografado.

MEB/GOIÁS. *Relatório Documento, uma experiência de Educação de base.* Goiânia, 1967. Datilografado.

Entrevistas realizadas pelo autor

Maria Alice Martins Brandão – Coordenadora da Equipe Central do MEB/Goiás – Entrevista em 13, 14 e 15 jun. 1982

Darcy Costa – Equipe Central do MEB/Goiás – Entrevista em 15 ago. 1982

Alda Maria Borges – Equipe Central do MEB/Goiás – Entrevista em 16 ago. 1982.

Mídia, Educação e Cultura Popular
Notas sobre a revolução sem violência travada em Pernambuco no tempo de Arraes (1960-1964)

José Marques de Melo

Contexto

Antonio Callado introduziu a expressão "tempo de Arraes" para simbolizar, na cronologia brasileira, o curto período histórico em que a região Nordeste sonhou com a possibilidade de quebrar o monopólio político exercido pelas classes opressoras (latifundiários decadentes e burgueses ascendentes) sobre as classes subalternas (camponeses, operários e biscateiros), vitimadas pela pobreza, estigmatizadas pela ignorância e alienadas pelo fatalismo.

Seu livro de reportagens documenta a "revolução sem violência" protagonizada por "padres e comunistas", cujo epicentro foi a cidade do Recife (CALLADO, 1964). Ali Arraes foi prefeito de 1959 a 1962, tendo sido guindado pela população para governar o estado de Pernambuco, cujo mandato exerceu de 1º de janeiro de 1963 a 31 de março de 1964. Deposto pelo golpe militar que encerrou o conturbado período Jânio-Jango, preso e exilado, Arraes somente reintegrou-se à vida política nacional com a anistia de 1979.[1]

---

[1] Falecido aos 88 anos, em 2005, Miguel Arraes teve sua biografia publicada pela revista *Continente*, série Documento (ano V, n. 53, Recife, 2007), sob o título "Arraes, a construção do mito". Sua trajetória política foi reconstituída, na fase radical, por

Pernambuco abrigou, justamente nessa conjuntura, de 1960 a 1964,[2] uma revolução popular, usando a mídia como arma, tendo por alvo a escola e valendo-se da cultura popular como projétil. Tal experiência transcorreu de forma paralela e sintonizada com o Movimento de Educação de Base (MEB). Além disso, testou ousados processos educomidiáticos[3] que seriam posteriormente l egitimados pela Rede Mundial de Cibermídia (WEB).

Na expectativa de contribuir para a elucidação do emaranhado histórico que caracteriza aquela aventura inconclusa, e apesar da condição privilegiada de observador participante,[4] julguei indispensável, para não ser traído pela memória, consultar os documentos que resgatam os bastidores dos acontecimentos.

Como se trata de um capítulo integrado à trajetória da Educação nacional, sua dimensão não pode ser avaliada senão como componente da revolução mundial capitaneada pela

---

Adirson de Barros, em *Ascensão e queda de Miguel Arraes* (Rio de Janeiro, Equador, 1965), e Jocelyn Brasil em *Arraes, o fazedor de homens livres* (São Paulo, Fulgor, 1964). Suas ideias estão enfeixadas nos livros de sua autoria: *Palavras de Arraes* (Rio de Janeiro, Civilização Brasileira, 1964) e *O jogo do poder no Brasil* (São Paulo, Alfa-Omega, 1981).

[2] Para melhor entender a conjuntura, podem ser úteis as seguintes fontes: CAVALCANTE, 1978; VICTOR, 1965; PAGE, 1972; ANDRADE, 1989.

[3] Ana Arruda Callado fez o resgate desse processo, contabilizando suas iniciativas da fase inicial. "De 1960 a 1962, o MCP contou com 201 escolas, 626 turmas; 19.646 alunos, crianças, adolescentes e adultos; uma rede de escolas radiofônicas; um centro de artes plásticas e artesanato; 452 professores e 174 monitores, ministrando o ensino correspondente ao primeiro grau, supletivo, Educação de base e Educação artística; uma escola para motoristas mecânicos; cinco praças de cultura que levavam ao povo bibliotecas, teatro, cinema, tele-clube, música, orientação psicológica, jogos infantis, Educação física; Centro de Cultura Dona Olegarinha, no Poço da Panela, em colaboração com a Paróquia de Casa Forte; círculos de cultura, galeria de arte e conjunto teatral" (*Continente*, Série Documento, ano IV, n. 45, Recife, 2006, p. 15).

[4] Na minha fase da juventude universitária, desempenhei, na cidade do Recife, funções privilegiadas que me permitiram ver por dentro e por fora as singularidades daquela revolução educomidiática. Além de atuar como repórter estagiário do jornal *Última Hora – Nordeste* e como funcionário da assessoria técnica da SUDENE, ocupei dois cargos de confiança no Governo Arraes: chefe de gabinete do Secretário da Educação, Germano Coelho, e diretor de administração do Movimento de Cultura Popular, durante a gestão de Miguel Newton Arraes.

UNESCO.⁵ Sua intenção era acelerar o processo educativo, com o auxílio dos suportes midiáticos, para fortalecer a cidadania e robustecer a democracia. A verdade é que essa meta continua a ser perseguida, na alvorada da sociedade do conhecimento, neste planeta digitalizado, em pleno século XXI.⁶

Motivação

O uso educativo dos meios de comunicação de massa vinha sendo recomendado pela Unesco, especialmente aos países do terceiro mundo, como estratégia para queimar etapas na batalha contra o analfabetismo. É nessa linha de ação que Arraes conquista uma equipe voluntária de intelectuais, educadores, estudantes, sindicalistas, pastoralistas e lideranças comunitárias, fundando em 1960 o Movimento de Cultura Popular (MCP).

Definido por seu ideólogo, Germano Coelho (1986, p. 10-11), como

> [...] órgão amplo, pluralista, segundo o modelo da UNESCO, porquanto não discrimina filosofia, credo ou convicção religiosa, o MCP, da mesma forma que não exclui meios de difusão, não recusa metodologias. Educando, através de escolas comuns [...], nas praças públicas e em plena rua [...], pelo rádio, pelo cinema, pela televisão, pela imprensa. [...] Experimentando, adequando, criando.

---

[5] A ofensiva da UNESCO principia no final dos anos 1940, fundamentada em ideias lançadas por pesquisadores belgas e franceses. Remontam a essa fase, os livros de Roger Clausse – *L'education par la radio: radio scolaire* (1949) e Claude Merciere – *La reception radiofonique à bon marché* (1950). Assumindo caráter multimídia, esse projeto se encontra descrito em quatro publicações especiais: *La radio et l'education de base dans les regions insuffisament développées* (1950), *Les periodiques pour nouveaux alphabetes* (1957), *L'influence di cinema sur les enfants et les adolescents* (1961) e *L'education social pour la télévision* (1963).
[6] No prólogo do meu livro *Entre el saber y el poder* (Monterrey, México, 2007) o leitor encontrará mais elementos para entender a questão, especialmente nos itens em que reflito sobre o mapa da exclusão midiática e sobre as expectativas que se frustraram no século passado, impondo-se na agenda do novo milênio.

O momento era propício. O quadro internacional refletia a ascensão dos movimentos terceiro-mundistas, encorajados pela Revolução Cubana e abençoados pelo Concílio Vaticano II. No âmbito nacional, transitávamos do arcaísmo para a modernidade. Sinais dessa mutação transpareciam nos fluxos da industrialização, da urbanização e da comunicação. O crescimento da mídia ampliava a circulação da informação, socializando as fontes de acesso ao divertimento coletivo e fomentando a Educação a distância.

No plano regional, a criação da Superintendência para o Desenvolvimento do Nordeste (SUDENE), liderada por Celso Furtado (1959), deu novo alento aos projetos de mudança social. Como bem acentuou Celso Fávero (1983, p. 8-9):

> Os anos 1960-1964 foram particularmente críticos e criativos em quase tudo. Questionaram-se todos os modos de ser brasileiro, de viver um momento da história desse país, de participar de sua cultura. Pretendeu-se um projeto político que possibilitasse superar a dominação do capital sobre o trabalho e, em decorrência, reformular tudo o que dessa dominação decorre. Tudo isso – e muito mais – foi conversado e discutido em círculos cada vez mais amplos, das ligas camponesas às universidades.

Tal motivação foi insuficiente para aplacar as contradições e os antagonismos que se manifestaram no debate "para saber qual a Educação necessária ao tipo de desenvolvimento pretendido para o país, como alfabetizar as massas analfabetas, qual o conteúdo da ideologia nacional-desenvolvimentista" (WANDERLEY, 1984, p. 43).

Estratégias

Tanto o MEB quanto o MCP se estruturaram com recursos provenientes do Estado. O primeiro teve alcance nacional, sendo financiado pelo governo federal, através de convênio com a Conferência Nacional dos Bispos do Brasil (CNBB) que transferia as verbas respectivas para as unidades regionais onde se desenvolviam os programas de alfabetização de adultos. O segundo contou com respaldo local, inicialmente através da

Prefeitura da Cidade do Recife,[7] mais tarde através do Governo do Estado de Pernambuco[8] e só no período final foi contemplado com recursos proveniente dos cofres da União.

Do ponto de vista metodológico, o MEB engajou-se, desde o começo, no programa de Educação radiofônica criado pelo Ministério da Educação.[9] Na verdade, como anotou Luis Eduardo Wanderley (1984, p. 48), "o MEB constitui-se na seqüência das atividades de Educação pelo rádio, promovidas pelo episcopado nas arquidioceses de Aracaju e Natal".

Essa adesão incondicional à escola radiofônica decorria, por um lado, do interesse dos bispos brasileiros em receber concessões de canais radiofônicos para reforçar o trabalho de evangelização das massas rurais, assediadas pelos comunistas, e das massas urbanas, seduzidas pelos protestantes e espíritas.[10]

---

[7] Em seu depoimento a Oserias Gouveia (2004), Aluizio Falcão, que foi secretário de Estado na Prefeitura do Recife e depois no Governo de Pernambuco, explica detalhadamente a origem do MCP: "Como prefeito do Recife, Arraes o chamou para atuar na criação do Movimento de Cultura Popular.[...] Antes mesmo da posse, Arraes lhe falara sobre a idéia de criar um grande movimento de alfabetização. Esta foi a proposta embrionário do MCP, posteriormente ampliada pelos intelectuais e artistas que se incorporaram com o propósito de conscientizar as massas e elevar seu nível cultural".

[8] Paulo Rosas (2003, p. LXXII, LXXIII) confirma que "eleito prefeito da cidade do Recife em 1959, Miguel Arraes [...] em maio do mesmo ano fundou o Movimento de Cultura Popular (MCP) [...] Uma vez governador, Miguel Arraes proporcionou ao MCP os meios para sua expansão [...]".

[9] Embora fundado com vocação educativa, por inspiração de Roquette-Pinto, o rádio brasileiro só veio assumir funções dessa natureza na década de 1940. Nas décadas de 1920-1930 foram poucas as experiências de programas educativos, cujo resgate fez Fernando Tude de Souza em sua comunicação à UNESCO (1950). A iniciativa de fundar um sistema estatal de rádio educativo, no país, remonta ao início da década de 40, como relata pormenorizadamente o radialista Benjamin do Lago (1969), no seu depoimento sobre "um movimento em prol da radiodifusão educativa".

[10] Em seu diagnóstico sobre a mídia católica no Brasil, o Frei Clarêncio Neotti (1994, p. 70), assessor da CNBB, esclarece "as razões pelas quais a Igreja entrou com representatividade no mundo da radiodifusão". Entre elas, destaca a intenção pastoral de fazer do rádio um prolongamento do púlpito e de fazer concorrência aos espíritas e protestantes que "corriam para o rádio como meio próximo às classes

Mas, por outro lado, selava uma aliança entre o Estado e a Igreja, correspondendo aos "apelos da Unesco para campanhas de alfabetização", desejo compartilhado por educadores nacionais interessados em "conscientizar" os contingentes marginais da sociedade, impedidos de participar dos processos eleitorais pela condição de analfabetos (WANDERLEY, 1984 p. 50-52).

Pertencem a essa corrente de educadores progressistas os fundadores do Movimento de Cultura Popular (MCP), atraídos por Miguel Arraes, dentre lideranças católicas, evangélicas, socialistas e comunistas para constituir o que o escultor Abelardo da Hora (1986, p. 15) chamou de "universidade popular", cuja vocação seria "democratizar a cultura", mas que a pedagoga Anita Paes Barreto (1986, p. 39) enxergava como a "pedra fundamental" para a escolarização das crianças abandonadas na periferia da cidade do Recife, privadas de conhecimentos elementares.

A síntese de Manuel Correia de Andrade (1989, p. 46-47) permite compreender melhor a natureza das propostas e dos conflitos ali existentes.

> O MCP não só alfabetizava como mobilizava jovens estudantes para um trabalho de recuperação das manifestações da cultura popular, como a música, o teatro, as festividades do povo, a fim de garantir a permanência e a nacionalização da cultura. O ensino era feito de modo a utilizar a experiência do educando, fazendo a um só tempo alfabetização e conscientização. Esta política cultural foi combatida pela direita, que considerava a conscientização como uma verdadeira comunização, e pelos setores mais radicais da esquerda que achavam que se deveria partir para a organização de milícias e não para a preservação da cultura, porque isto não teria uma influência direta na luta pelas reivindicações populares.

---

populares tidas como mais facilmente persuasivas". Mas havia também motivações de natureza econômica – "o baixo custo para a montagem de uma emissora" – e política – "a relativa facilidade de conseguir junto do Governo concessões".

A propósito dos "riscos de uma nova Cuba na América do Sul", Paulo Rosas (2003, p. LXXIII) anotou perplexo:

> Não sei, àquela altura, se uma revolução armada que impusesse uma ditadura de esquerda, comunista ou não, mas ditadura, seria bem assimilada pelo povo. Penso que, psicologicamente, o povo se preparava para pensar, participar, encontrar saídas.

Ao avaliar, 20 anos depois, a experiência do MCP, tais contradições foram mais bem explicitadas por Paulo Rosas, autor do projeto Meios Informais de Educação, do qual resultou a rede de Praças de Cultura (concretizado por Silke Weber). Rosas foi o sucessor de Paulo Freire na chefia da divisão de pesquisas, onde, aliás, o exegeta da "pedagogia do oprimido" iniciou a concepção do seu "sistema" de Educação de adultos, então fundamentado como exercício cognitivo para robustecer a "prática da liberdade".

Esse diagnóstico aponta três evidências problematizantes:

1) A intenção conscientizadora exercida pelo MCP, em "sentido puro", estimulando um "novo posicionamento" de seres humanos pauperizados pela baixa renda e pela nula escolaridade, para "reagir a um estado de coisas, cuja tomada de consciência tornava sua manutenção insustentável".

2) A crise enfrentada pelo MCP, ao tempo de sua extinção em 1964, como resultado do "conflito entre os que objetivavam resultados políticos imediatos e os que pensavam em primeiro plano na elevação cultural do povo".

3) O dilema enfrentado pelos que refletem hipoteticamente sobre o MCP, admitindo que o projeto não tivesse sido destruído pelos golpistas de 1964. Qual o papel que teria exercido na História do Brasil? A pergunta que paira no ar é a seguinte: perfilaria o MCP como agente de conscientização questionara ou conservadora das "estruturas que teria ajudado a erigir?" (ROSAS, 1986, p. 32-33).

Dialogicidade

Os enigmas propostos por Paulo Rosas remetem a uma inquietação que está na raiz das divergências geradas durante o processo de construção do MCP, acarretando a fragmentação da equipe de fundadores. O distanciamento de Paulo Freire e seu refúgio no Serviço de Extensão Cultural da então Universidade do Recife, onde concluiu seu sistema de alfabetização de adultos,[11] é sinal dessa dissensão teórica.

A recusa ao uso das tecnologias de Educação a distância – rádio, livro, jornal, cinema, televisão – está na base dessa questão a um só tempo metodológica e ideológica. A esfinge de Paulo Rosas converge para o dilema: conscientizar é um ato de mão dupla (dialógico, aberto, criativo) ou um ato unidirecional (coercitivo, inibidor, castrante)?

Paulo Freire foi coerente, até o fim da vida, com a sua postura dialogicizante, recusando o uso dos meios de comunicação – rádio e cartilha – motivo principal do seu afastamento do MCP, quando a instituição decidiu alfabetizar em massa, usando o *Livro de leitura de adultos*, cartilha produzida por Josina Godoy e Norma Coelho para subsidiar o processo de aprendizagem que se consubstanciava cotidianamente nas aulas previamente gravadas e transmitidas pela Rádio Clube de Pernambuco.

Aliás, as ideias cultivadas por Paulo Freire a respeito dessa questão precedem seu engajamento e distanciamento do MCP. Elas estão argumentadas na tese de cátedra apresentada à Universidade do Recife, em 1959, que permaneceu inédita até recentemente. No primeiro capítulo ele desenvolve duas hipóteses: o mutismo congênito e a inexperiência democrática do povo brasileiro. Essas barreiras comunicacionais, ou melhor,

---

[11] Os interessados em conhecer pormenorizadamente os fundamentos teóricos do Sistema Paulo Freire devem consultar a revista de cultura *Estudos Universitários*, n. 4, Recife, Universidade do Recife, onde encontrarão artigos assinados por Paulo Freire e os principais integrantes da sua equipe: Abdias Moura, Aurenice Cardoso, Jarbas Maciel, Jomard Muniz de Britto, Juracy Andrade, Luis Costa Lima, Pierre Furter.

"intransitivas", só podem ser eliminadas com a "dialogação" a ser construída pela Educação libertária. O perigo está justamente na tendência à "massificação". Adotando conceitos esposados por Aldous Huxley (ação domesticadora), Gabriel Marcel (consciência fanatizada) e Peter Drucker (tendência desumanizante), ele teme um retrocesso que pode conduzir a uma espécie de "transitividade ingênua", ou seja, "uma forma de vida de tal maneira rígida, passional, impermeável, que se fará impossível a dialogação democrática" (FREIRE, 2003, p. 41).

Embora reconheça que os meios de comunicação – rádio, cinema, caminhão e avião – produzem "influências renovadoras", principalmente nos "centros menores e mais atrasados", Paulo Freire continua a ter dúvidas sobre seu impacto na sociedade nacional (FREIRE, 2003, p. 39).

Quando Paulo Freire retornou do exílio beneficiado pela anistia política de 1979, entrevistei-o para a revista *Chasqui*, culminando com perguntas que focalizavam o uso educativo dos meios de comunicação. Sua resposta foi enfática, demonstrando que não arredara um milímetro das posições assumidas no Recife pré-64.

> É interessante que toda a linguagem usada na teoria da comunicação, na cibernética, é uma linguagem puramente ideológica e castrante. [...] O transmissor é o sujeito que transmite a mensagem; a mensagem é o objeto seu, próprio, pessoal. Isso é profundamente perigoso (FREIRE, 1985, p. 198-199).

Provoquei-o, indagando sua compreensão das experiências africanas nos países lusófonos que se valem do rádio e da televisão para educar contingentes humanos distanciados pela geografia e pela etnia. A resposta de Paulo Freire foi explícita:

> A passagem da sociedade velha para a sociedade nova não é mecânica, é histórica, é processual. [...] O que acontece é que os resíduos ideológicos correspondentes à velha infra-estrutura da sociedade velha penetram no tempo da revolução e contradizem a nova infra-estrutura que se começa a criar na busca da criação da nova sociedade. E aí estão os

meios de comunicação. Para mim, um dos grandes desafios que uma liderança revolucionária tem nesse momento é saber se é ou não capaz de fugir à tentação de continuar usando os meios de comunicação tal qual os dominadores anteriormente usavam. [...] Ela está reproduzindo o velho poder, em lugar de criar um novo (FREIRE, 1985, p. 185-186).

Nos *Diálogos sobre educação* mantidos com Sérgio Guimarães (2003), percebe-se que Paulo Freire matiza a questão, admitindo que é um "homem do seu tempo", reconhecendo que é impossível "resistir aos meios de comunicação". Contudo, a postura reticente permanece indelével: "O problema não está apenas em trazer os meios de comunicação para dentro das escolas, mas em saber a quem eles estão servindo". A propósito dos computadores, sua manifestação é coerente com os receios precedentes. "Eu não sou contra o uso dos computadores." Mas, em tom de advertência, perora: "O meu receio [...] é que a introdução desses meios mais sofisticados no campo educacional [...] vá trabalhar em favor dos que podem e contra os que menos podem" (GUIMARÃES, 2003, p. 100-102).

Comunicabilidade

A concepção de Paulo Freire sobre a relação entre Mídia, Educação e Cultura popular foi tornada pública durante o I Encontro Nacional de Alfabetização e Cultura Popular, realizado no Recife, de 15 a 21 de setembro de 1963.

Apesar da aura já então conquistada no país pela eficácia do Método Paulo Freire (alfabetização em 40 horas), as ideias do educador pernambucano sobre a questão da comunicabilidade[12] não repercutiram positivamente, tanto assim que o documento

---

[12] Na verdade, essa questão está enraizada no pensamento freiriano sobre Educação. Ela contempla duas dimensões – a dialogicidade (que procurei explicitar no meu ensaio "A comunicação na pedagogia de Paulo Freire". In: MARQUES DE MELO, 1998, p. 258-284) e a interatividade (devidamente exposta no artigo "Interatividade midiática: diálogos com Everett Rogers e Paulo Freire". In: MARQUES DE MELO, 2008, p. 125-130)

final do evento dedica ao tema um capítulo especial, reiterando o uso da mídia em diferentes situações.

No que se refere particularmente ao rádio e à televisão, lamentam os educadores e animadores populares que

> [...] embora tenham uma vastíssima penetração popular, raramente são usados no sentido de maior atuação enquanto instrumento do povo. [...] Alguns movimentos de cultura popular já conseguem ter acesso ao rádio, utilizando-o com alto poder de penetração no trabalho de alfabetização (FÁVERO, 1983).

No caso da televisão, destacam a experiência piloto de alfabetização e cultura popular realizada pela Fundação João Batista do Amaral. Também resgatam a ação das praças de cultura, "ponto de convergência e intercâmbio de meios de comunicação e conscientização como: teatro, cinema, rádio, televisão, imprensa, música popular, livros e folhetos, artes plásticas, cartazes e outro" (FÁVERO, 1983).

Desde a sua fundação, o MCP vale-se de todos os veículos e suportes para "deflagrar, na comunidade, a paixão do saber". Além de valorizar o "diversificado do folclore", inclui outras manifestações de cultura: as artes plásticas, o artesanato, o teatro, a música, a dança, o canto, a literatura, a ciência, os esportes, as escolas, as bibliotecas, os centros de cultura, os museus, as galerias, os cineclubes, as discotecas, os tele-clubes, as festas populares, os festivais, etc. "Víamos o processo educativo como o desenvolvimento do homem todo e de todos os homens para a realização da pessoa e promoção do bem comum" (COELHO, 1986, p. 11).

Portanto, o conceito de comunicação do MCP é bem mais abrangente e democratizante que o cultivado pela vanguarda do MEB. A instituição pernambucana está aberta a todas as formas de expressão cultural da população, bem ao estilo do movimento francês Peuple et Culture (DUMAZEDIER, 1956). Nessa linha, propõe-se a "desenvolver nas comunidades disposição para apreciar, crítica e adequadamente, a leitura, o cinema, o rádio, a televisão e demais meios de comunicação coletiva" (ROSAS, 1986, p. 27).

O movimento capitaneado pela intelectualidade da igreja católica chama atenção para o problema da "comunicação entre os grupos desnivelados", admitindo implicitamente que se trata de uma carência de "instrução". O desnível cultural, ao acarretar um "tipo radical de marginalização", vai tornar inviável a "própria comunicação entre os diversos grupos sociais. Preocupados, alertam os intelectuais orgânicos do MEB para o conflito potencial entre tais grupos, tendo em vista "o reconhecimento da situação por parte dos grupos culturalmente marginalizados", sem que haja "plena consciência de todas as implicações dessa marginalização, no plano da pessoa humana" (MEB, 1986, p. 78-79).

Encontra-se nessa concepção de comunicação cultural a matriz que certamente influiu na atualização da teoria da folkcomunicação de Luiz Beltrão, ao focalizar os "grupos culturalmente marginalizados". Basta comparar seu livro inicial – *Comunicação e folclore* (1968) – com a obra de maturidade – *Folkcomunicação, a comunicação dos marginalizados* (1980) – para compreender a realidade assimilada pelo pioneiro das ciências da comunicação no Brasil.[13]

Cultura Popular

Ao conceituar cultura popular, o MCP demonstra coerência com a ideia de "movimento", configurando um "processo" de natureza política. "O movimento popular, ao atingir determinada etapa do seu processo de desenvolvimento, experimenta a necessidade de liquidar certos entraves de ordem cultural".

Daí a demanda por uma "consciência popular adequada ao real e possuída pelo projeto de transformá-lo", que se baseia em três pressupostos:

> 1) só o povo tem capacidade de resolver seus problemas; 2) a solução consiste na superação das causas radicadas nas

---

[13] Vale a pena consultar os ensaios enfeixados no livro *Luiz Beltrão, pioneiro das ciências da comunicação no Brasil*, organizado por José Marques de Melo e Osvaldo Meira Trigueiro (João Pessoa, Editora da UFPB, 2007).

estruturas sociais que as determinam; 3) a transformação depende da luta política guiada por idéias estribadas na realidade objetiva (MCP, 1986, p. 91).

Refluindo ao paternalismo típico das campanhas populares até então vigentes, o MCP educa o povo para assumir sua luta e balizar o seu destino. E o faz no próprio processo de alfabetização que tem como suporte decisivo o *Livro de leitura para adultos* (1962) que Josina Godoy e Norma Coelho organizaram com os pés no chão. Resultante das "experiências publicadas em revistas da UNESCO", o livro catalisa, sobretudo, as "experiências de vários países com condições de desenvolvimento semelhantes às nossas".

Anísio Teixeira considerou essa cartilha a "melhor" para "adultos analfabetos" que ele conheceu no Brasil. Ela contém eixos temáticos que se concatenam através de palavras-chave articuladas entre dois vetores – *povo* e *voto* – convergindo para uma utopia – *paz* – sustentada por dois fatores essenciais – *república* e *democracia*. Em sua análise pedagógica do livro de leitura do MCP, Celso Beiseguel (1982, p. 136) reconhece a competência das autoras e valoriza a sequência metodológica das palavras-chave.

> Além da inegável associação de conceitos e temas arrolados no interior de cada uma destas seqüências, havia também uma nítida associação entre as diversas seqüências. Nas lições incluídas na primeira, a atenção dos educandos era orientada para o exame das dificuldades da existência popular. Na seqüência seguinte, examinavam-se os recursos disponíveis para uma ação popular eficaz em defesa de melhores condições de vida. A ação pelo voto, desde que orientada, tendo em vista a escolha de governantes identificados com as necessidades do povo, era então privilegiada, enfatizando-se também a importância da união dos trabalhadores em sindicatos, urbanos e rurais, e em cooperativas. Em seguida, examinavam-se as características do bom político e do bom governo, comprometidos com o bom combate em favor da emancipação popular. Depois, era possível verificar que o MCP atuava em várias frentes – na Educação, no teatro, nas artes em geral –, exatamente com a intenção de promover a melhoria das condições de existência do povo. Nas demais seqüências, possibilitava-se,

afinal, a conjunção entre as dificuldades da vida popular, as virtualidades emancipadoras do voto, as características do bom agente político, a atividade então desenvolvida pelo MCP e a atuação da Prefeitura Municipal do Recife. Por último, na seqüência final, encaminhavam-se as atenções para o exame das principais bandeiras de luta do projeto político da frente ampla do Recife: "o nacionalismo; a promoção popular; as reformas de base, entre elas a reforma agrária; a ação popular pacífica em prol da construção de uma sociedade mais justa".

Identidade e diversidade

O mérito da cartilha do MCP é, sem dúvida, sua compreensão ampla da vida cotidiana, contemplando aquelas nuances de natureza política e econômica, sem excluir a dimensão cultural. Assim, além de conscientizar os alfabetizandos para discernir variáveis ligadas ao mundo da produção (capital e trabalho) e ao jogo do poder (política e governo), o MCP procurou forjar cidadãos conscientes da sua identidade cultural, também solidários no respeito à diversidade dos níveis de cultura que permeiam o tecido social.

Convertendo o MCP em vitrine do processo de alfabetização, Godoy e Coelho estimulam seus alunos a esbanjar autoestima, orgulhosos da tríplice inserção geopolítica – brasileiros, nordestinos e recifenses que, embora enraizados na cultura popular, não desprezam a cultura massiva, demonstrando apetência para assimilar a cultura erudita.

Daí a importância da instrução continuada e da aprendizagem sistemática que só a escola pode lhes oferecer, sendo o MCP a instituição que lhes abre as portas para desfrutar a fortuna cognitiva que os tornará cidadãos conscientes, partícipes e solidários. Depois de suscitar a autoconfiança política capaz de motivar os adultos analfabetos a prosseguir a jornada pela libertação da ignorância, a cartilha valoriza a instituição que os convoca a sair da escuridão cognitiva.[14]

---

[14] As palavras-chave aqui destacadas foram recolhidas seletivamente nas páginas da cartilha organizada por Godoy & Coelho (1962)

Bradando que "a escola do MCP é do povo", explica que, ali, "sim, ele ouve a aula pelo rádio" e "estuda em um livro". Trata-se de um "livro de leitura" que o fará "livre". Pois, estudando, "ele será, em realidade, um cidadão".

Que espécie de instituição é o MCP? Trata-se de uma "universidade popular", que proporciona "cultura para todos" e cujas escolas são "gratuitas", funcionando em "vários templos". Sendo pluralista, suas ações respeitam a "fé e o rito" das religiões. Congregando homens de todas as "raças" e "opiniões", seu principal compromisso é a "elevação cultural do povo". Preservando as "tradições populares" e promovendo "festejos populares" e "teatro popular", fomenta a "emancipação do povo". Coerente com o respeito à diversidade cultural, a cartilha do MCP contém 36 referências à cultura popular, 22 à cultura erudita e 10 à cultura massiva.

Essa ênfase atribuída à cultura popular é consequência da sintonia que as duas educadoras estabeleceram em debates e reuniões com homens e mulheres "cansados da luta diária pela sua sobrevivência e a de seus filhos". E a maneira mais adequada para minorar a fadiga do dia a dia sufocante desses trabalhadores é o engajamento, como brincantes, nos folguedos cultivados pela comunidade.

A valorização do folclore converge para os festejos coletivos cujo calendário tem como marcos o carnaval a festa de são João e o Natal. Expressando-se através do frevo, do samba e da batucada, dançando coco, ciranda, quadrilha, xerém, tocando zabumba, engrossando os cordões do bumba meu boi, maracatu, caboclinhos, escutando os acordes dos violeiros e os improvisos dos cantadores ou louvando seus deuses como exu, xangô, pagando promessas aos santos através dos "ex-votos", o povo se distrai, recuperando a energia necessária para continuar sua labuta.

Embora isso também possa ser realizado através dos meios de comunicação de massa, a meta principal está representada pelo acesso à cultura erudita, ensejada pela "Educação" e possibilitada pelos "professores" que atuam na "escola".

Partindo da ideia-força de que "o homem nordestino é um lutador" e reiterando que "os heróis pernambucanos venceram o invasor holandês", Godoy e Coelho (1962) vão ao cerne da questão: "Para haver progresso no Brasil, não pode haver marginais (marginais são os homens sem trabalho)". Por isso mesmo, "o progresso do Nordeste exige a instalação de fábricas".

Mas a industrialização regional está nas mãos dos governantes situados em Brasília e dos industriais espalhados pelo sul. Numa profissão de fé nacionalista, a cartilha diz que "para o progresso da nossa Pátria é necessário defender a indústria nacional".

A cartilha do MCP, em momento algum, perde a perspectiva de que o povo é o senhor do seu próprio destino. "O Brasil só progredirá pelo trabalho consciente do seu povo", sendo que a arma do povo é o voto. "O povo escolhe seus representantes na Câmara e no Senado" [...] "o povo escolhe também o Presidente".

Diante disso, só a "elevação do nível de cultura do povo" possibilita "ao homem e à mulher uma ação mais consciente dentro da sociedade". A mensagem final da cartilha do MCP incute esperança: "Apesar das crises o Brasil cresce".

Pretexto

Sem alimentar ilusões, Josina Godoy e Norma Coelho (1962) difundem a crença de que "o Nordeste só terá paz quando a raiz de seus males for atacada". Isso constitui o pretexto para que os educadores da nova geração revisem criticamente aqueles projetos utópicos, contribuindo para erradicar os males persistentes.

Não é outra a pretensão deste breve exercício documental. Se dele resultarem estudos aprofundados a respeito da saga do MCP, do MEB e de instituições congêneres, sentir-me-ei gratificado pelo resgate memorialístico.

Já dizia Paulo Rosas: "Aqueles anos não foram perdidos." Porém,

> [...] é preciso pesquisar [...] para avaliar até que ponto valeu a pena a rica, mas difícil, experiência de intercâmbio e de trabalhos realizados por pessoas sensibilizadas pela consciência de ser preciso romper a secular relação entre opressores e oprimidos... (ROSAS, 2003, p. LXXIV).

Referências

ANDRADE, Manuel Correia. *1964 e o Nordeste: golpe, revolução ou contra-revolução?* São Paulo: Contexto, 1989.

ARRAES, Miguel. Introdução, In: CALLADO, Antonio. *Tempo de Arraes*, 2. ed. Rio de Janeiro: Paz e Terra, p. 9-32, 1979.

ARRUDA CALLADO, Ana. *A compreensão crítica da palavra: Paulo Freire*, Continente – Documento, ano IV, N. 45, Recife, 2006.

BARRETO, Anita Paes. Educação de Crianças e Adolescentes, In: FARIAS, Pedro Américo de. *Movimento de Cultura Popular – Memorial*, Recife, Fundação Cultural da Cidade do Recife, p. 37-39, 1986.

CALLADO, Antonio. *Tempo de Arraes*, 2. ed. Rio de Janeiro: Paz e Terra, 1979.

BEISIEGEL, Celso de Rui. *Política e educação popular; a teoria e a prática de Paulo Freire no Brasil.* São Paulo: Ática, 1982, 304 p.

CAVALCANTE, Paulo. *O caso eu conto como o caso foi.* Volume I (Da Coluna Prestes à Queda de Arraes), São Paulo, Alfa-Omega, 1978).

COELHO, Germano. Pelo resgate da memória do MCP, In: FARIAS, Pedro Américo de – *Movimento de Cultura Popular – Memorial*, Recife, Fundação Cultural da Cidade do Recife, p. 9-12, 1986.

COSTA LIMA, Luiz (Ed.). Paulo Freire, Conscientização e Alfabetização (dossiê), *Estudos Universitários*, n. 4, Recife, Universidade do Recife, 1963.

DUMAZEDIER, Joffre. *Televisión y Educación Popular – los teleclubs en Francia.* Buenos Aires, Solar/Hachette / UNESCO, 1956.

FÁVERO, Omar. *Cultura popular, Educação popular (memória dos 60).* Rio de Janeiro: Graal, 1983.

FREIRE, Paulo. O exílio fez de mim um andarilho da obviedade, In: MARQUES DE MELO, José. *Para uma leitura crítica da comunicação.* São Paulo: Paulinas, 1999.

FREIRE, Paulo. *Educação & atualidade brasileira.* São Paulo: Cortez, 2003.

FURTADO, Celso. *A Operação Nordeste.* Rio de Janeiro: ISEB, 1959.

GODOY, Josina; COELHO, Norma. *Livro de leitura para adultos*, Recife: MCP, 1962.

GOUVEIA, Oserias. *Os (des)caminhos da utopia – glória e derrocada do comunismo na memória política de militantes dos anos sessenta*. Recife: Editora da UFPE, p. 142, 2004.

GUIMARÃES, Sergio. *Paulo Freire: Diálogos sobre Educação*. v. 2. 3. ed. Rio de Janeiro: Paz e Terra, 2003.

HORA, Abelardo da. Depoimento, In: FARIAS, Pedro Américo de. *Movimento de cultura popular – Memorial*. Recife: Fundação Cultural da Cidade do Recife, p. 13-18, 1986.

LAGO, Benjamin. *Radiodifusão & desenvolvimento*. Rio de Janeiro: Livraria Cultural, 1969.

MACIEL, Airton e outros. *Arraes, a construção do mito*, Continente – Documento, ano V, N. 53, Recife, 2007.

MARQUES DE MELO, José. *Teoria da Comunicação: paradigmas latino-americanos*. Petrópolis: Vozes, 1998.

MARQUES DE MELO, José. História política das ciências da comunicação. Rio de Janeiro: Mauad, 2008.

MCP. Plano de ação para 1963, In: FÁVERO, Omar. *Cultura Popular, Educação popular (memória dos 60)*. Rio de Janeiro: Graal, 1983.

MEB. Cultura popular: notas para um estudo, In: FÁVERO, Omar. *Cultura popular, Educação popular (memória dos 60)*. Rio de Janeiro: Graal, p. 77-82, 1983.

NEOTTI, Clarencio. *Comunicação e igreja no Brasil*. São Paulo: Paulus, 1994.

PAGE, Joseph A. *A Revolução que Nunca Houve – O Nordeste do Brasil, 1955-1964*. Rio de Janeiro: Record, 1972.

ROSAS, Paulo. O movimento de cultura popular: MCP. In: FARIAS, Pedro Américo de. *Movimento de Cultura Popular* – Memorial, Recife, Fundação Cultural da Cidade do Recife, p. 19-36, 1986.

ROSAS, Paulo. Recife – Cultura e participação (1950-1964). In: Freire, Paulo. *Educação & atualidade brasileira*, São Paulo, Cortez, 2003.

SOUZA, Fernando Tude de. Brésil, In: WILLIAMS, J. GRENFELL. *La radio et l´éducation de base*. Paris: Unesco, p. 31-38, 1959.

VICTOR, Mário. *5 anos que abalaram o Brasil* (de Jânio Quadros ao Marechal Castelo Branco). Rio de Janeiro: Civilização Brasileira, 1965.

WANDERLEY, Luiz Eduardo. *Educar para transformar*. Petrópolis: Vozes, 1984.

Rádio web na Educação
Possibilidades e desafios

Nelson De Luca Pretto
Maria Helena Silveira Bonilla
Carla Sardeiro

Zé do Caroço
Leci Brandão

No serviço de alto-falante
Do morro do Pau da Bandeira
Quem avisa é o Zé do Caroço
Que amanhã vai fazer alvoroço
Alertando a favela inteira
Como eu queria que fosse em mangueira
Que existisse outro Zé do Caroço (Caroço, Caroço)
Pra dizer de uma vez pra esse moço
Carnaval não é esse colosso
Nossa escola é raiz, é madeira
Mas é o Morro do Pau da Bandeira
De uma Vila Isabel verdadeira
O Zé do Caroço trabalha
O Zé do Caroço batalha
E que malha o preço da feira
E na hora que a televisão brasileira
Distrai toda gente com a sua novela
É que o Zé põe a boca no mundo
Ele faz um discurso profundo
Ele quer ver o bem da favela
Está nascendo um novo líder
No morro do Pau da Bandeira
Está nascendo um novo líder
No morro do Pau da Bandeira
No morro do Pau da Bandeira
No morro do Pau da Bandeira

No ano de 2004 demos início, na Faculdade de Educação da Universidade Federal da Bahia (FACED/UFBA), a investigações em torno do tema rádio, com dois propósitos simultâneos e interdependentes: aprofundar uma reflexão sobre o uso do rádio na Educação e investigar ferramentas livres (com software livre) para implantar, na própria Faculdade, uma rádio web. Vínhamos investigando a relação da Educação com a comunicação na FACED/UFBA e lá implementávamos uma política de Tecnologia da Informação (TI) com diversas intervenções no espaço físico da unidade, além da busca de definição de políticas mais amplas para a própria UFBA, no que diz respeito à TI. Essas pesquisas tinham espaço no grupo de pesquisa Educação, Comunicação e Tecnologias (GEC[1]), grupo que, desde 1994, vem atuando nesse campo, e coincidia com o fato de que o coordenador do GEC era o próprio Diretor da FACED durante dois mandatos (2000/2004 e 2004/2008). As primeiras ações foram, como não poderia deixar de ser, um breve levantamento sobre as históricas e importantes experiências em andamento na área, desde o pioneiro uso do rádio para o desenvolvimento de projetos de alfabetização de jovens e adultos no meio rural – como é o caso do MEB (Movimento de Educação de Base) –, até as experiências contemporâneas de uso do rádio na escolas, destacando-se, dentre tantas outras, a Escola de Comunicações e Artes da USP, em São Paulo, a Multirio, no Rio de Janeiro, as políticas governamentais, como o Rádio Educação do MEC e, claro, as inúmeras e diversas experiências ligadas às Organizações Não Governamentais (ONG), seja através da implantação de rádios comunitárias, educacionais e livres, seja nos movimentos pela democratização da comunicação, fortemente capitaneados no Brasil pelo Fórum Nacional em Defesa da Comunicação (FNDC).[2]

Naquele primeiro momento, não eram muitas as experiências no Brasil de implantação de rádios na web, muito menos com o uso de softwares livres e, muito menos ainda, aquelas ligadas

---

[1] Disponível em: <http://www.gec.faced.ufba.br>.
[2] Disponível em: <http://www.fndc.org.br>.

à Educação. Obviamente estávamos, e de certa forma ainda estamos, com uma deficiente rede de banda larga no País, principalmente para o acesso das camadas mais pobres da população brasileira, o que era uma razão óbvia para o pouco investimento no campo. O desafio, portanto, era o de buscar construir propostas em torno da linguagem radiofônica, discutindo-se o seu significado para a Educação, acompanhadas de experiências de produção de programas. Para tal, esperava-se um forte envolvimento da comunidade universitária da FACED/UFBA, visando à inclusão de alunos e professores de uma instituição formadora de professores no universo da comunicação, o que efetivamente ainda não aconteceu. Mas isso não inviabilizou o projeto, ao contrário, o mantém atual e com vários objetivos, sendo, obviamente, um deles a busca de implantar estratégias para um maior envolvimento da comunidade acadêmica com o projeto da rádio.[3] Em paralelo, desenvolvemos pesquisas na busca de soluções em software livre, tanto para a "emissão" da rádio quanto para a produção de programas e para a compreensão das políticas públicas de comunicação, com especial destaque para a relação rádio e Educação.

Um dos aspectos que ficou mais evidente em nossas pesquisas e que tem sido exatamente um dos focos do trabalho político e ativista do Fórum Nacional para a Democratização da Comunicação (FNDC) diz respeito à legislação sobre rádios comunitárias no Brasil, que continua em discussão desde muito e que tem se intensificado contemporaneamente em função de, pelo menos, duas dimensões da questão: a apropriação política, partidária e eleitoreira dos meios e a convergência das mídias, que faz com que, hoje, através da web, se possa "sintonizar" e produzir rádios de todos os tipos, diluindo-se a distinção entre o que é rádio, televisão, internet, entre tantos outros suportes. A Lei nº 9.612/98 e o Decreto nº 2.615/98 que regulamentam as

---

[3] Com o contínuo apoio do CNPq através de projetos PIBIC, uma série de atividades vem sendo realizada ao longo dos últimos anos com o objetivo de sensibilizar a comunidade da Faculdade para o maior uso do rádio web.

rádios comunitárias trazem muitas restrições à apropriação comunitária e educacional e, lamentavelmente, pouco se tem feito para mudar esse estado de coisas, já que a pressão política dos grandes grupos empresariais ligados ao setor das comunicações é por demais evidente e com forte presença no próprio Congresso Nacional, o que dificulta sobremaneira as discussões que buscam as necessárias transformações de uma legislação muito antiga e que não condiz com os avanços tecnológicos contemporâneos nem com os desafios que estão postos para a Educação.

O rádio e a Educação

Ao longo dos anos, o desenvolvimento tecnológico acelerado tem trazido para o centro da atenção as grandes contradições contemporâneas, em que, de um lado, temos populações inteiras lutando por necessidades básicas, como o direito à moradia, alimentação, energia elétrica residencial, entre tantas outras e, ao mesmo tempo, de outro, temos um acelerado desenvolvimento tecnológico em todas as áreas, modificando de forma radical inúmeros valores e procedimentos dessas mesmas populações. Enquanto alguns vivenciam plenamente a cibercultura (LÉVY, 1999), navegando, interagindo, criando, produzindo, construindo conhecimento colaborativamente e em rede, ainda existe um número considerável de pessoas vivendo na oralidade primária, educando e sendo educadas através dela.

É exatamente nesse contexto de oralidade que, cada vez mais, ganha espaço esse meio de comunicação, o rádio, que vem atravessando os tempos, modificando-se tecnologicamente, mas não perdendo o princípio da oralidade. Ainda é através das ondas eletromagnéticas distribuídas pelos aparelhos de rádio espalhados pelo país que muitas pessoas, dentre as quais os milhões de analfabetos brasileiros, ficam sabendo sobre os acontecimentos diários de suas comunidades e dos espaços mais distantes, obtêm informações de toda a natureza que terminam sendo, em muitos casos, o único meio de Educação disponível. Segundo pesquisa da Rádio2,[4] no Brasil 90,2% dos domicílios possuem rádio, ou seja, 38.400.000 casas estão sintonizadas em uma das 2.986 rádios espalhadas por todo o território nacional.

Mesmo sendo um dos meios de comunicação contemporâneos que mais perto chegou da população local, já que as emissoras de rádio estão presentes em praticamente todas as cidades, desde as pequenas e médias até, obviamente, os grandes centros urbanos, a concentração da propriedade dessas emissoras compromete de forma definitiva a possibilidade de que a população possa efetivamente se sentir contemplada e inserida na programação. Em outras palavras, mesmo com todos os recursos disponíveis, como carta, telefone e até mesmo a presença física nas emissoras locais, não existe a possibilidade de que cada um, individualmente, e todos no coletivo tenham o poder de interferir naquilo que se veicula em cada uma dessas emissoras.

Com o objetivo de superar essa limitação, acontecem, em todo o mundo, movimentos pela democratização das comunicações, incluindo aí o movimento de rádios livres, que se espalham pelas comunidades. No entanto, também esses movimentos atendem a diversos interesses, que vão do estritamente organizativo e reivindicatório, aos interesses comercias, de igrejas e de políticos que se apropriaram de forma definitiva do meio, como pode ser visto nos demais capítulo deste livro, especialmente no trabalho de Cicília Peruzzo (1998).

Antes de adentramos nas relações específicas entre rádio e Educação, objetivo maior deste capítulo, torna-se necessário pensar um pouco mais sobre o papel das Tecnologias da Informação e Comunicação (TIC), uma vez que acreditamos que elas não podem ser reduzidas a simples ferramentas ou instrumentos a serviço da Educação, pois, como temos insistido, isso seria simplificar demais o seu papel, e não só na Educação, mas em todas as áreas do conhecimento e da vida social. Isso seria "uma negação completa das suas dimensões intrínsecas" (PRETTO, 1996, p. 113)

---

[4] Disponível em: <http://www.microfone.jor.br>. Acesso em 18/02/2009.

e, nesse sentido, acreditamos ser importante ampliar o nosso pensar sobre o tema.

A inserção plena das potencialidades multimidiáticas desses aparatos tecnológicos digitais na Educação não se esgota, apenas, ao introduzi-las no contexto escolar como se fossem mais um entre os muitos recursos didático-pedagógicos que já existem. As tecnologias, segundo Mirian Grinspun (1999, p. 25), "estão a exigir uma nova formação do homem que remeta à reflexão e compreensão do meio social em que ele se circunscreve", ou seja, elas trazem em seu bojo uma necessidade de reestruturação de mentalidade, aliada ao seu processo de crescimento e desenvolvimento no mundo em que vivemos.

É nesse contexto que se estruturam novas culturas, as quais são fomentadas e inovam-se continuamente, pois a interação dos seres humanos com, e através de, os "novos" meios de comunicação proporciona maneiras diferentes de pensar e de se relacionar consigo e com o mundo. O ser humano está o tempo todo experimentando essas novas possibilidades e as TIC estão, literalmente, empurrando, especialmente a juventude, para esse movimento de permanente repensar sobre todos os aspectos da vida social. Ao se inserir, e ao mesmo tempo construir, o ciberespaço, interagindo com outros indivíduos e grupos, a juventude – mas não só ela, é verdade – cria "outra(s)" cultura(s), quem sabe, mais condizentes com essas outras formas de se comunicar e relacionar. A cibercultura (LÉVY, 1999) traz características próprias e intrínsecas que se articulam o tempo todo com mundo presencial, que nascem do intenso – em alguns momentos até exagerado! – uso da mídia digital interativa e que definem "padrões socialmente transmitidos e compartilhados de comportamento, costumes, atitudes e códigos tácitos, crenças e valores, artes, conhecimento e formas sociais" (TAPSCOTT, 1999, p. 53).

Assim, pensar a Educação com o uso dessas tecnologias contemporâneas, com destaque para a internet, consiste em pensá-la dentro das possibilidades que regem o ciberespaço e, consequentemente, a cibercultura. Acredita-se, portanto, que o uso de tecnologias contemporâneas na Educação não se restringe a um uso meramente instrumental, com a simples incorporação desses recursos como elementos animadores do mesmo fazer educacional. Ao utilizá-las na Educação, passa-se a creditá-las o poder de serem meios estruturantes de conteúdos e práticas, que serviriam como fundamento à Educação (Pretto, 1996), já que instauram uma lógica rizomática de rede, hipertextual, diferente da lógica linear da Educação instituída. Mesclam-se, de forma intensa, as chamadas Educação presencial e a distância, uma vez que os processos de ensino e de aprendizagem passam a funcionar a partir de uma nova maneira de construir conhecimentos e o próprio saber. A incorporação dessas tecnologias constitui-se, efetivamente, numa possibilidade de se estabelecer um *mais comunicacional*, como propõe Marco Silva no livro *Sala de aula interativa*, já que elas serviraão para a superação das assim chamadas por nós Pedagogias da Assimilação, que têm como centro a ideia de distribuição de informações, com o objetivo de promover um nivelamento, visando transformar o Outro no Eu. Novas estratégias metodológicas necessitam ser construídas originando outras pedagogias, que não serão melhores ou piores, mas que poderão suscitar novas formas de ensinar e de aprender. São as Pedagogias da Diferença, que tenham na comunicação um elemento também fundante, de tal forma que

> [...] os meios de comunicação [...] passam a fazer parte da escola como um elemento carregado de conteúdo (e não apenas como instrumento), como representante (talvez principal!) de uma nova forma de pensar e sentir, que começa a se construir, no momento em que a humanidade começa a deslocar-se de uma razão operativa para uma nova razão, ainda em construção, porém baseada na globalidade e na integridade, em que realidade e imagem fundem-se no processo (Pretto, 1996, p. 115).

Outro ponto importante a se desmitificar é o "impacto" exercido pelas tecnologias digitais na Educação. Desde o momento em que as TIC representam a realização do desejo da própria sociedade, seja de superação de suas limitações corporais, seja da necessidade do *mais comunicacional*, essas tecnologias, de modo algum, podem ser consideradas como "impactantes sociais", como se surgissem de algum lugar externo, e não da própria construção social. Elas foram idealizadas, criadas e, sucessivamente, otimizadas para cada vez mais atender às necessidades humanas, para seu próprio benefício. "Produzimos a sociedade que nos produz", vocifera Edgar Morin (1999, p. 23) em seu texto "Da necessidade de um pensamento complexo" publicado no livro *Para navegar no século XXI* (MARTINS 1999). Para tal, necessitamos superar a visão linear e determinista de ciência e de Educação para adquirir uma visão de retroalimentação permanente, num processo de comunicação e troca sem fim.

Seguramente, esse processo só se implanta de forma plena se retomarmos nossas análises sobre a temática da chamada "exclusão digital"[5] uma vez que, em se mantendo as atuais políticas de favorecimento do mercado para o acesso às tecnologias da informação e comunicação, com a população pobre distante da possibilidade de um uso efetivo desses recursos, o discurso torna-se vazio, já que a democratização do acesso às TIC é absolutamente fundamental para a transformação de qualquer processo. Assim, políticas públicas que garantem esse acesso começam a modificar esse estado de coisas e, em lugares em que se está investindo em equipamentos, conexão e formação para implantar ou aumentar o uso das TIC, em escolas ou em comunidades, a sensação de estranhamento com as tecnologias vem diminuindo de forma muito veloz. Percebe-se intensamente que nessas experiências – e aqui nos referimos aos inúmeros telecentros, infocentros, laboratórios nas escolas, entre outros –, que a simples presença dessas tecnologias deixam de ser um *impacto*, como se fossem à parte da vida diária, e passam a ser vistas e vividas como constructos sociais, geradores de demandas cada vez maiores.[6] Dentre essas demandas, uma que vem se destacando é

---

[5] Para uma discussão sobre exclusão/inclusão digital ver BONILLA, 2002, 2005.

[6] Destacamos aqui a nossa própria experiência com a implantação do projeto Tabuleiros Digitais (www.tabuleirodigital.org) em Salvador (FACED/UFBA e comunidade de Pirajá) e em Irecê. Ver SOUZA, 2009; PRETTO, 2006 e os sites www.tabuleirodigital.org, www.ondadigital.dcc.ufba.br e http://www.twiki.ufba.br/twiki/bin/view/CiberParque.

a da formação de professores, e essa demanda não parte apenas das instâncias formadoras ou das equipes de gestão da Educação no País. Tem partido fortemente dos próprios professores, que sentem a urgência de conhecerem e viverem plenamente o contexto contemporâneo, ao mesmo tempo que se aproximam de seus jovens alunos e ampliam as possibilidades do seu fazer pedagógico. Nesse movimento, ganha destaque as experiências que incorporam o rádio – e particularmente o rádio web – nas práticas pedagógicas, como podemos ver ao longo dos capítulos deste livro.

Estamos diante do desafio de enxergar essas potencialidades das TIC através de um novo olhar; um olhar que, além de buscar outras formas de educar, também respeite o estilo abrangente e flexível de aprender, de se comunicar e de interagir, trazido pela *geração alt+tab* (PRETTO, 2006)[7] ou *geração-net* (TAPSCOTT, 1999). Isto equivale a visualizar uma Educação multirreferencial (MACEDO, 2000), condizente com a (des)ordem mundial contemporânea, que introduz diferenciados significados em relação aos espaços físicos, aos tempos, às tecnologias e à velocidade com que a informação circula.

Assim, temos propugnado nas pesquisas do nosso grupo que

> [...] a presença desses recursos, como fundamento da nova Educação, transforma a escola, que passa a ser um novo espaço, físico inclusive, qualitativamente diferente do que vem sendo. Sua função, nessa perspectiva, será a de constituir-se num centro irradiador de conhecimento, com o professor adquirindo, também e necessariamente, uma outra função: de comunicador, de articulador de diversas histórias, das diversas fontes de informação (PRETTO, 1996, p. 115).

Esse professor, seguramente, demanda outro processo formativo que tenha, ele também, forte presença das tecnologias

---

[7] *Alt+tab* é a combinação de teclas (atalho) em um computador que possibilita ao usuário abrir diversas janelas em diversos sítios ou programas e passar de uma para outra de forma muito rápida.

digitais e, como princípio basilar, a ideia de produção de conhecimentos e culturas e não o mero consumo de informações. Aqui, os princípios da comunicação, já defendidos por Paulo Freire desde os primeiros movimentos de Educação de base são fundamentais, uma vez que trabalham com a ideia de autonomia. José Carlos Libâneo, em tradicional publicação sobre a *Didática*, já em 1994, lançava a temática da mediação, uma vez que ele considera que "o processo de ensino é uma atividade de mediação pela qual são providas as condições e os meios para os alunos se tornarem sujeitos ativos na assimilação (sic!) de conhecimentos", distinguindo-se, para tal, três elementos básicos que deveriam ser analisados: o meio, as condições oferecidas por ele e a nova postura do educador perante essa nova realidade (LIBÂNEO, 2001).

A flexibilidade e plasticidade da web podem alterar esses elementos e os arranjos entre eles e até tornar os processos pedagógicos o mais próximos possível do modo humano contemporâneo de ser, pensar e agir. Ao respeitar as maneiras e velocidades diferenciadas que as pessoas têm em compreender e aprender, as redes digitais proporcionam uma maior facilidade na construção individual de conhecimento uma vez que, ao assumir o caráter hipertextual, possibilitam uma construção permanente de percursos a serem seguidos; e, aí, a ideia de rádio web, produzida na e para a Educação, possibilita outras escolhas e montagens de programações pessoais, mescladas com a produção do seu próprio grupo social e cultural. Mas, para tal, é importante considerar que, ao falarmos de rádio web, estamos buscando estabelecer um diferencial do tradicional meio de comunicação de massa denominado rádio.

O rádio supera, potencialmente, suas limitações ao se utilizar da internet e, com isso, pode passar a oferecer recursos de interatividade e, até, agregar imagens, fazendo com que diminua de forma considerável a distância entre o próprio rádio e os demais suportes, com o uso de imagens, fixas ou em movimento, textos e com a possibilidade de produção colaborativa. Bem mais que a simples transposição de um meio a outro, a "radiodifusão multimídia significa a inclusão de recursos de vídeo, fax, acesso móvel à internet, base de dados, opções do tipo unidirecional e interativa, agora somados aos recursos até então disponíveis para transmissão: voz, efeitos sonoros e música" (ZAREMBA,1999). Claro que tudo isso, como sempre insistimos, demandando políticas públicas que possibilitem à população de baixa renda o acesso a todos esses recursos. Ao convergir para o ciberespaço, o rádio adquire uma interface que inaugura uma remodelação nas suas características conceituais do sistema de rádio tradicional e traz novas possibilidades para atividades comunicacionais, culturais e educacionais. Torna-se um meio de comunicação multidirecional, em que não mais se comunica através do "ditado", e sim do "diálogo", dispondo-se a formar um sistema aberto de interação e construção de conhecimento. A interatividade, o caráter hipertextual, a comunicação multidirecional, a bissensorialidade, entre outros, surgem como estruturantes e redimensionadores dessa mídia que assume novas perspectivas em seu papel social.

O desenvolvimento desse recente padrão de transmissão radiofônica retrata os novos conceitos sinalizados pela convergência – flexibilidade e interatividade – como também transforma os formatos tradicionais e os superados modelos técnicos. Se para o rádio emitido pelas ondas eletromagnéticas se dependia de concessões governamentais, entre outras razões, em função da limitação do espectro eletromagnético,[8] na web, o rádio dispõe de espaço ilimitado, já que o compartilhamento não se dá mais por ondas eletromagnéticas, mas pelos "canais" da rede, sem produzir nenhum tipo de interferência.

No particular da inserção do rádio como elemento significativo dos processos educacionais, torna-se importante considerar no rádio web algumas das características conceituais do sistema tradicional de radiodifusão, estas estabelecidas por Scheimberg (1997, p. 41), e dos atributos conferidos ao rádio web por Zaremba (1999). Com isso, é possível fazer uma comparação entre as diferenças e inovações trazidas pela convergência entre rádio

---

[8] Limitação questionável, é bem verdade, principalmente a partir da digitalização dos processos de transmissão dos sinais.

e internet, avaliando-se as vantagens para a área educacional trazidas por esse movimento. Entre as principais diferenças apresentadas, encontra-se o caráter linear e temporal do rádio analógico durante toda a sua existência e o caráter hipertextual e atemporal do rádio web. No primeiro caso, o ouvinte recebe a mensagem sonora de maneira linear, não podendo escolher, estabelecer prioridades ou ordenar a sequência por ele preferida. Não pode voltar a ouvir a transmissão numa outra situação oportuna, devendo aproveitá-la naquele período determinado de sua irradiação. Simultaneamente chegam-lhe música, palavras, efeitos sonoros, textos falados, ou seja, a mensagem é processada toda de uma vez e num tempo preestabelecido, o que contribui, inevitavelmente, para uma efemeridade dessas informações e dos dados transmitidos. Mesmo com os processos de digitalização do rádio até agora implantados no mundo, o que se vê, nesse caso, ainda é o prevalecimento de um lógica de distribuição de informações, com melhor qualidade de sinal, nada mais. Ou, o que é pior, a implantação de mecanismos que favorecem única e exclusivamente o consumo de informações e produtos.

Por outro lado, a acessibilidade e a hipertextualidade proporcionadas pelo rádio web (entendido aqui no sentido amplo que estamos tratando) viabilizam organizações personalizadas e diferenciadas de mensagens e informações por cada indivíduo, articulando, através do digital, muito mais do que o arquivo sonoro e a sua "emissão"; articulam-se também, como já nos referimos, a imagem, estática ou em movimento, os textos e todas as suas potencialidades. Mais do que isso, a dimensão temporal passa a não ser fundamental, uma vez que, digitalizados o sinal e os produtos, eles podem tanto ser facilmente transportados fisicamente (DVD, CD, flash-driver, disquete) quanto estar disponíveis em bancos de dados, através dos sistema *podcasts* (ver capítulo 10) acessíveis às pessoas conectadas à internet. O usuário tem, com isso, mais autonomia e liberdade de escolha, possibilitando que os agentes motivadores do interesse do indivíduo em adquirir esta ou aquela informação não sejam apenas externos, mas, e principalmente, internos. Acessar a mensagem e a informação vai depender quase que exclusivamente do interesse do indivíduo ou grupo, de forma a possibilitar que esse conjunto de informações possa ser apropriado em busca de uma categorização interna dos conceitos gerais preexistentes, articulando com a possibilidade de uma aprendizagem significativa e, principalmente, com a possibilidade de produção de novos conhecimentos.

Outra característica do rádio analógico que se transforma é a unidirecionalidade. No rádio web, inaugura-se uma comunicação completamente multidirecional. Se antes a possibilidade de interação com o ouvinte era mínima e o emissor era quem definia os momentos de participação, delimitando-os e dirigindo-os de forma condicionada, dominando a situação e fazendo do ouvinte uma parte circunstancial dela, na web as possibilidades de interação entre o emissor e ouvinte aumentam sensivelmente. Passamos a ter um "ouvinte" que, agora, não apenas ouve, mas pode, por diversos mecanismos associados aos mesmos instrumentos que o possibilita ouvir, interferir e, quiçá, também emitir. A participação, portanto, tende a superar os meios já conhecidos e utilizados pelo rádio tradicional (telefonemas, cartas e fax), com a incorporação de e-mails, chats, wikis, microblogues e, inclusive, "estações de rádio" nas quais o usuário é o programador, a exemplo da Blip.fm,[9] que estabelecem uma comunicação instantânea entre várias pessoas conectadas, atualizando rapidamente as informações e garantindo um canal aberto para todos os tipos de expressões.

Outros elementos são introduzidos em função das características da web e se diferenciam da radiodifusão tradicional, como a questão da abrangência do meio. Em função das discussões contemporâneas sobre multiculturalidade, global e local, torna-se fundamental pensar sobre a contextualização, tanto da recepção

---

[9] São inúmeros os exemplos de " estações" ou espaços de trocas de músicas na internet e destacamos aqui, além do Blip.fm, o Last.fm (www.lastfm.com) o Spotify (www.spotify.com), o Jamendo (www.jamendo.com) e, claro, os conhecidos e não autorizados Piratebay (www.piratebay.com), www.isohunt.com, Gnutella (www.gnutella.com), entre outros.

das demais rádios quanto dos processos de produção. Em termos de valores locais, as rádios comunitárias possuem um forte vínculo com sua comunidade, que lhes fornece uma dinâmica própria. A ideia de comunidade aqui está associada ao sentido geográfico da palavra, à ideia de uma "comum unidade" de interesses, articulando de forma intensa os moradores e produtores da rádio. Quando falamos em rádio web, a situação modifica-se, uma vez que, para ter essa unidade, é necessário que se pense na apropriação das rádios no sentido de se estimular, a partir da ação local, uma maior participação de todos e, principalmente, intensificar a possibilidade de implantação de canais para produção de conteúdos por essas próprias comunidades. Isso demanda uma forte contextualização, das rádios e dos projetos que a sustentam. Esse processo de contextualização é fundamental, e Pierre Lévy ajuda nessa compreensão, porque, para ele,

> [...] o contexto serve para determinar o sentido de uma palavra; é ainda mais judicioso considerar que cada palavra contribui para produzir o contexto, ou seja, uma configuração semântica reticular que, quando nos concentramos nela, se mostra composta de imagens, de modelos, de lembranças, de sensações, de conceitos e de pedaços de discurso (LÉVY, 1993, p. 24).

Então, como contextualizar programas de rádio numa mídia que não encontra barreiras geográficas? Como atender às especificidades de uma região em que se "veicula" um rádio web sem deixar em segundo plano as necessidades da sua comunidade? Como comunicar, dispondo da radiodifusão multimídia, sem desconsiderar a linguagem local e suas representações significativas, próprias de cada região? Essas são questões que precisam balizar qualquer projeto de rádio web e, no caso das rádio web em escola, voltadas para a Educação, aí reside o maior desafio: Como incorporar os projetos de rádio na montagem do currículo de forma que o aluno o compreenda, identifique-se com ele e o vivencie plenamente? Pensamos ser isso necessário, e aí a rádio pode desempenhar um importante papel, que o currículo também seja produzido na escola, com a participação dos alunos, que tenha forte vínculo com a comunidade e ao mesmo tempo que estabeleça um forte diálogo com os demais conhecimentos e culturas. Além disso, como contextualizar a Educação no rádio web sem que se compartimentalize os conhecimentos e a realidade?

Por ser um meio de comunicação que tanto apresenta uma cultura peculiar, por estar contido no ciberespaço, quanto assume características básicas de uma rádio comunitária, por agregar pessoas que convergem para os mesmos interesses, o rádio web rompe a noção dual do local/não local (AUGÉ, 2004) ao abranger um conteúdo acessível e globalizado, e, ao mesmo tempo, demandar uma sistematização e uma contextualização para que aqui não se repita a perspectiva de transmissão para as massas, já bastante criticada nas discussões sobre a indústria cultural, trazidas pelos teóricos da Escola de Frankfurt. Assim, ao vislumbrarmos as possibilidades de uso da comunicação, aqui com o específico do rádio web, pensamos numa Educação que ensine o ser humano a pensar crítica e politicamente o mundo à sua volta, a pensar as relações que nele se constituem de forma articulada, e não pensar o mundo de forma compartimentada, destituída do todo. Por outro lado, também não seria coerente nem viável concebê-la apenas através do todo. Essa relação local/não local demanda pensarmos na contextualização das informações e dos conhecimentos contidos no ciberespaço. Isso significa trabalhar fortemente com a ideia de complexidade. Edgard Morin (1999, p. 31) afirma que o pensar de forma complexa equivale a buscar distinguir e ligar todos os elementos de uma multidimensionalidade formadora de conhecimentos; ele propõe a busca de todas as formas e possibilidades de compreender e de refletir o problema tratado, fazendo emergir um caminho de duas vias: da unidade para o todo e do todo para a unidade, pois "o conhecimento deve certamente utilizar a abstração, mas procurando construir-se em referência a um contexto", e, simultaneamente, "a compreensão de dados particulares exige a ativação da inteligência geral e a mobilização dos conhecimentos do conjunto" (MORIN, 1999, p. 30).

Dessa forma, a implantação de projetos de rádio web contribui para que a comunidade escolar possa, interagindo com aquilo que ela tem de mais precioso, a sua realidade local, também interagir com o planetário, já que através da web essas são possibilidades concretas, através dos recursos tecnológicos digitais e da conexão em banda larga. Novamente aqui, as políticas públicas não podem ser consideradas de maneira secundária, uma vez que, além da implantação de banda larga de forma universal, precisamos garantir a velocidade e a qualidade dessas conexões.

Outro diferencial trazido pelo rádio web é a bissensorialidade. Se no rádio tradicional o conteúdo da mensagem restringe-se à transmissão sonora, fazendo-se entender principalmente pela construção simbólica linguística por parte de quem o escuta, graças à web pode-se ouvir e visualizar o que está sendo tratado através de recursos audiovisuais agregados. Pequenos vídeos, entrevistas, animações, entre outros métodos de comunicação visual, agora fazem parte dessa mídia, na qual as linguagens visuais e sonoras se unem e passam a estimular e atuar sob dois sentidos perceptivos do usuário, envolvendo-o completamente. A bissensorialidade aliada à multidirecionalidade traz contribuições relevantes à Educação, uma vez que pode introduzir outra dinâmica aos processos educativos. Sem dúvida, podemos até mesmo nos perguntar se estamos, de fato, ainda falando de rádio!

Portanto, a junção do conteúdo com a forma facilita a apropriação da mensagem e favorece uma compreensão crítica sobre o texto, desde quando se pode vê-lo, ouvi-lo, retornar a ele depois e (re)processá-lo conforme a estruturação cognitiva e habilidade individual de cada pessoa.

Com isso, chegamos, quem sabe, à mais importante dimensão estruturante das possibilidades trazidas pela digitalização dos processos e que, no caso de rádios web, são evidenciadas pelas possibilidade do aumento da capacidade de produção e emissão de cada grupo social. Essa capacidade de produção passa a ser, para a Educação, o elemento basilar de todo o processo

O ensino, a aprendizagem e o rádio web

Projeto de rádios nas escolas – e particularmente de rádio web – possibilitam construções de novas possibilidades formativas, centradas na participação ativa e na produção, em vez de no mero consumo de informações. Podemos pensar em diversas possibilidades, tais como o uso de emissões já estabelecidas a partir dos próprios meios comerciais, educativos ou populares e também os projetos de implantação de rádios nas escolas, com uso de softwares livres.

O rádio web dispõe de, pelo menos, duas possibilidades para viabilizar os processos de ensinar e aprender: uma nos momentos de transmissões síncronas e outra nas assíncronas. As atividades síncronas acontecem quando as pessoas estão on-line, conectadas no momento da transmissão ao vivo do rádio. Acontecem como nas salas de bate-papo, "que são como gigantescas teleconferências – quem estiver na linha pode entrar a qualquer momento para dar sua opinião [...] a interação é ao vivo e imediata, a conversa se estende horas a fio e as pessoas vêm e vão constantemente" (TAPSCOTT, 1999, p. 54). Aqui, tem-se a opção de apenas observar, mas há sempre a possibilidade da interação, bastando que a pessoa se predisponha a participar ativamente do diálogo instigado pelas entrevistas, pelas opiniões de outras pessoas ou por qualquer outro mecanismo que se apresente. Já nas atividades assíncronas, que podem ser os fóruns criados a partir do tema tratado, abre-se o espaço para responder às dúvidas e aos questionamentos suscitados durante o percurso das atividades, indicar bibliografias, inaugurar novos debates, lançar tópicos diferentes, entre outros. "Estes assemelham-se a quadros de avisos comunitários, onde qualquer pessoa pode afixar avisos que outras pessoas podem ler a qualquer hora [...] e os participantes, conforme lhes convier, podem consultar o quadro para verificar se houve algum acréscimo" (TAPSCOTT, 1999, p. 55), mas também permitem

> [...] a ligação efetiva de cada argumento com os diversos documentos aos quais se refere, que talvez até o tenham originado, e que formam o contexto da discussão. Esse

contexto, ao contrário do que ocorre durante uma discussão oral, encontra-se agora totalmente explicitado e organizado (LÉVY, 1993, p. 64).

Dessa forma, grupos são formados em prol de interesses afins, interagem e auxiliam na concepção de significados, no estímulo da discussão coletiva e no cultivo do relacionamento, pois, ainda segundo Pierre Lévy (1993, p. 64), "o trabalho em equipe representa uma aplicação particularmente promissora dos hipertextos: ajuda ao raciocínio, à argumentação, à discussão, à criação, à organização, ao planejamento, etc". Essas possibilidades, síncronas e assíncronas, abrem espaço para as autorias, para a vivência da horizontalidade nos processos de produção do conhecimento e para a formação de "inteligências coletivas" (LÉVY, 1999), dinâmicas imprescindíveis nos processos de ensinar e aprender contemporâneos.

A comunicação multidirecional alcançada através da web permite inúmeras outras possibilidades para a Educação que antes nem eram cogitadas (avaliações a distância, pesquisas, formação de comunidades de aprendizagem via fóruns, listas de discussão, blogs, microblogs, SMS, entre outros) e viabiliza um contato direto entre emissor e receptor, transformando cada um num híbrido emissor-receptor. Ao se ampliar a interação, a construção do conhecimento potencializa a comunicação democrática, compartilhada e mais rica, pois diversas ideias, dúvidas e questionamentos podem ser discutidos, contextualizando o tema abordado a partir da realidade local de cada participante; experiências e sugestões relativas a algum problema podem ser socializadas, discutidas, (re)inventadas e adaptadas para outros contextos.

A perda de abrangência local, em termos de recepção das transmissões por simples aparelhos de baixo custo, que podem estar dispostos em qualquer lugar da casa, na cidade ou no campo, pode e deve ser compensada pela universalização do acesso em banda larga e, mais do que tudo, com a possibilidade de se implantarem mecanismos que favoreçam à população a produção de conteúdos. Essa produção, se bem articulada, pode alimentar rádios web instaladas em escolas, centros comunitários, Pontos de Cultura, de forma colaborativa e com licenciamento livre, possibilitando uma maior circulação da produção de cultura e de conhecimento gerado pela própria população, em articulação com as produções vindas de outros lugares e de outras pessoas. Entra aqui o fundamental papel do software livre, pela sua dimensão de colaboração e liberdade intrínseca, o que será tratado em detalhes no capítulo 10.

Esse processo interativo promovido pela web, e apropriado pelas escolas nos projetos de rádio web, potencializa um modo de atuação, na área educacional, mais participativo e coerente com o que se espera da Educação nos dias de hoje.

Referências

AUGÉ, Marc. Não-*lugares: introdução a uma antropologia da supermodernidade*. (Tradução Maria Lucia Pereira). 4. ed. Campinas: Papirus, 2004.

BONILLA, Maria Helena. *Escola aprendente: para além da sociedade da informação*. Rio de Janeiro: Quartet, 2005.

BONILLA, Maria Helena. Inclusão digital e formação de professores. *Revista de Educação, Lisboa*, 2002, vol. XI, n. 1, 2002. p. 43-50.

BRANDÃO, Leci; Zé do Caroço. *Ana & Jorge: Ao Vivo (2005)*, CD de Ana Carolina & Seu Jorge.

FOLHA DE S. PAULO, 28/01/2004. Na era Lula, sobe o número de rádios fechadas. Disponível em: <http://www1.folha.uol.com.br/fsp/ilustrad/fq2801200412.htm>. Acesso em: 20/05/2004

GRINSPUN, Miriam P. S. (Org.) *Educação tecnológica: desafios e perspectivas*. São Paulo: Cortez, 1999.

LÉVY, Pierre. *As tecnologias da inteligência: o futuro do pensamento na era da informática*. Rio de Janeiro: Ed. 34, 1993. Educação, Goiania: Editora da UC, 2003.

LÉVY, Pierre. *Cibercultura*. São Paulo: Ed. 34, 1999.

LÉVY, Pierre. *As tecnologias da inteligência: o futuro do pensamento na era da informática*. Rio de Janeiro: Ed. 34, 1993.

LIBÂNEO, José Carlos. *Adeus professor, adeus professora? Novas exigências educacionais e profissão docente*. São Paulo: Cortez, 2001.

MACEDO, Roberto Sidnei. *A etnopesquisa crítica e multirreferencial nas ciências humanas e na Educação*. Salvador: EDUFBa. 2000. 297 p.

MARTINS, Francisco Menezes; Silva, Juremir Machado da, *et al*. *Para navegar no século XXI*. Porto Alegre: Sulina; Edipucrs, 1999. 288 p.

MORIN, Edgar. Da necessidade de um pensamento complexo. In: MARTINS, Francisco M., SILVA, Juremir M. (Org.). *Para navegar no século XXI*. Porto Alegre, RS: Sulina/Edipucrs, 1999.

PERUZZO, Cicília M. K. *Comunicação nos movimentos populares: a participação nas construção da cidadania*. Petrópolis: Vozes, 1998.

PRETTO, Nelson De Luca. Geração alt-tab deleta fronteiras na Educação. Lia Ribeiro Dias. *Revista A Rede*, 2006. Disponível em: <http://www.arede.inf.br/index.php?option=com_content&task=view&id=634&Itemid=1>. Acesso em: 03/03/09

PRETTO, Nelson De Luca. Tecnologias e novas educações. *Revista Brasileira de Educação*, v. 11 n. 31, Rio de Janeiro Jan./Apr. 2006

PRETTO, Nelson De Luca. *Uma escola sem/com futuro*. Campinas: Papirus, 1996.

SCHEIMBERG, M. Educação e Comunicação: o rádio e a rádio educativa. In.: LITWIN, E. *Tecnologia educacional: política, histórias e propostas*. Porto Alegre: Artes Médicas, 1997.

SOUZA, Joseilda Sampaio; BONILLA, Maria Helena Silveira. Exclusão/Inclusão: elementos para uma discussão, *Revista Liinc em revista*. Disponível em: <http://revista.ibict.br/liinc/index.php/liinc/index>. Acesso em 01 jun. 2009.

TAPSCOTT, Don. *Geração digital: a crescente e irreversível ascensão da geração net*. São Paulo: Makrons Books, 1999.

ZAREMBA, Lílian. Idéia de RÁDIO entre olhos e ouvidos. *Revista Ciberlegenda*, n° 2, 1999. Disponível em: <http://www.uff.br/mestcii/zaremba1.htm>

Links

Dados sobre rádio no Brasil: http://www.microfone.jor.br/saiba.htm

Radiodifusão comunitária: http://www.pt.org.br/Radio/radiodif.htm

Rádio Livre: http://www.radiolivre.org
Rádio Muda: http://muda.radiolivre.org
Rádiobras: http://www.radiobras.gov.br
Projeto Libertas BR: http://www.dcc.ufmg.br/~barroca/radio/index.html

Destaque para o Tutorial da Indymedia, considerado o mais completo pela comunidade de rádios livres: http://docs.indymedia.org/view/Sysadmin/webRadiosPt.

Este capítulo foi escrito com base nas pesquisas coordenadas por Nelson De Luca Pretto, realizadas com apoio do CNPq através de bolsas de Iniciação Científica e do projeto de pesquisa Políticas Públicas em Educação e Tecnologias da Informação e Comunicação (bolsa PQ/CNPq 2006/2010 e IC/CNPq). Participaram dos projetos Alexandre Amorim, Carla Sardeiro, Monica Paz, Adriana Cerqueira, Fabricio Santana, Bruno Gonsalvez, Thiago Figueiredo e Géssica Aragão. Agradecimento aos mestrandos Darlene Almada e Sérgio Sganzerlla pela colaboração na versão final do texto.

Rádios livres e comunitárias, legislação e educomunicação

Cicília M. Krohling Peruzzo

A grande mídia tem um papel tão preponderante na sociedade que acaba sendo vista, pela maioria das pessoas, quase como se existisse apenas um sistema único de comunicação. Outras modalidades de processos comunicacionais, como os comunitários e alternativos, tendem a ser desconsiderados ou menosprezados por suas configurações simplórias e de baixo alcance ou pouca audiência. No entanto, a importância desses meios não é compreendida se eles forem olhados por esses critérios. Nesse texto o objetivo é apontar algumas pistas sobre outros ângulos das práticas comunitárias de comunicação a partir do rádio e, principalmente, no que se refere às dimensões política e educativa e às limitações impostas aos grupos civis que procuram exercitar o direito à comunicação.

Rádios comunitárias e livres em suas origens

Rádios livres e rádios comunitárias têm pontos em comum, mas também suas especificidades. No Brasil, as rádios comunitárias em frequência modulada (FM) nasceram no contexto dos movimentos populares e, como rádios livres (transmissão pelo dial sujeita a enquadramento legal), têm suas origens na "rádio" de alto-falantes, também chamada de rádio poste ou de rádio popular (transmitida através de caixas de som e bocas amplificadoras, e não sujeitas à legislação impeditiva para transmissão). Rádio livre é aquela que entra no ar sem permissão legal, ou seja, ocupa certa frequência do *dial* mesmo sem possuir (nem mesmo pedir) a concessão de canal por órgãos governamentais competentes. Suas origens remetem ao século passado, 1925, ano da primeira experiência na Áustria, seguida de várias outras tanto na Europa quanto na América Latina.

Na América Latina a primeira rádio livre foi a Rádio Sucre, na Bolívia, em 1947. No Brasil, pelo que se tem registrado até o momento, a Rádio Paranóica foi a primeira a entrar no ar, em Vitória, Espírito Santo, precisamente em outubro de 1970. Na segunda metade dos anos 1970 e nos anos 1980, outras pequenas rádios livres também ousaram contestar o sistema de controle dos meios de comunicação de massa e irradiaram seus sons no estado de São Paulo e em Santa Catarina (Peruzzo, 2004, p. 216-258; Machado; Magri; Masagão, 1986).

Para Felix Guatarri (1986, p.11), no prefácio do livro *Rádios livres: a reforma agrária no ar*,

> [...] as primeiras rádios livres do Brasil foram acolhidas com uma certa reserva. Alguns recearam que sua aparição pudesse servir de pretexto para uma repressão violenta; outros só viram nelas um replay dos movimentos dos anos 60 [belle époque]. [...] O movimento das rádios livres pertence justamente àqueles que o promovem, isto é, potencialmente, a todos aqueles [...] que sabem que não poderão jamais se exprimir de maneira conveniente nas mídias oficiais. Não se trata [as primeiras manifestações de rádios livres no Brasil], portanto, de um movimento esquerdista, mesmo se são os esquerdistas os primeiros a se engajar corajosamente nessa perspectiva.

Fazer rádio livre significa "reinventar o sistema das mídias, desconstruindo a pragmática que nos é imposta de cima, [...] já a partir da concepção da tecnologia. Ao mesmo tempo, reintegrá-lo de forma sadia na vida da comunidade, para que ele seja instrumento da criatividade coletiva e não a prisão do imaginário" (MACHADO; MAGRI; MASAGÃO, 1986, p. 33).

O tipo de reinvenção aventada acima desabrochou nas rádios comunitárias. A rádio livre que começou com transmissões isoladas, feitas por jovens, sem nem mesmo possuir as menores pretensões políticas de esquerda, foi apropriada por grupos comunitários que colocaram a tecnologia em benefício das lutas coletivas populares. Ou seja, no Brasil surgem também emissoras livres no âmbito de movimentos sociais. A primeira deve ter sido a Rádio Teresa, em 1985, ligada ao movimento sindical dos bancários. Surgem também a Rádio Patrulha em Ermelino Matarazzo, zona Leste de São Paulo; a Rádio Livre Paulicéia, em Piracicaba, São Paulo; e a Rádio Novos Rumos, na Baixada Fluminense no Rio de Janeiro, no início da década de 1990 (PERUZZO, 2004, p. 216-258; MACHADO; MAGRI; MASAGÃO, 1986) como precursoras do movimento de rádios comunitárias[1] que se forjou no País nos anos seguintes e que perdura neste início de século. A maioria[2] das rádios livres comunitárias esteve ou está em situação de ilegalidade em decorrência da lentidão e/ou distorção no âmbito do governo federal quanto às decisões sobre os processos em andamento solicitando autorização para funcionamento.

Em 1998 foi promulgada uma lei de radiodifusão de baixa potência na tentativa de atender à demanda social pelo acesso às ondas. A tentativa de se legalizar provocou a entrada de cerca de 20 mil processos de rádios comunitárias nas salas do Ministério das Comunicações ao longo de mais ou menos uma década. As rádios comunitárias não querem ser ilegais, são as circunstâncias que as levam ou as mantêm nessa situação. Os grupos comunitários

---

[1] Estimativas chegaram a apontar a entrada no ar de entre 10 e 20 mil emissoras comunitárias, entre pedidos em andamento, emissoras funcionando e fechadas pela polícia ou por estratégia própria, enquanto aguardavam a outorga.

[2] Não são todas porque também há emissoras desse tipo que não querem ser legalizadas, não desejam se enquadrar em parâmetros legais para não perderem a autonomia e o sentido político que lhe deu origem.

que pleiteiam autorização para funcionamento delas o fazem porque as veem como canais de comunicação facilitadores do trabalho comunitário visando à ampliação da cidadania e o desenvolvimento local. Porém, muitas das rádios comunitárias existentes já não se encontram mais na categoria de rádios livres, pois têm autorização e, portanto, se enquadraram legalmente.

Em outras palavras, foram absorvidas pelo sistema. Já as rádios comunitárias da modalidade alto-falante foram, de fato, as precursoras das rádios transmitidas em frequência modulada. Elas tiveram e continuam tendo um papel importante como meio popular de comunicação, dependendo da realidade em que se inserem, pela facilidade que representam em razão dos baixos custos de equipamentos e por estarem livres de perseguição dos órgãos fiscalizadores dos serviços de radiodifusão e, ao mesmo tempo, servirem aos propósitos de conscientização e mobilização social local.

Contudo, as rádios comunitárias foram marcadas pelos estereótipos de rádios "piratas" ou clandestinas, já que inicialmente não tinham respaldo legal para funcionamento. O preconceito foi cunhado pelas forças favoráveis à continuidade do oligopólio das rádios comerciais e do modelo mercadológico do sistema midiático, em alusão às transmissões de rádios livres ocorridas a partir de barcos, na Inglaterra, nos anos de 1950, e que tinham objetivos comerciais. Isso não é o caso das comunitárias brasileiras. Não se levam em conta a necessidade de democratizar a radiodifusão brasileira, as limitações legais e operacionais do serviço de radiodifusão de baixa potência nem o importante trabalho de desenvolvimento comunitário que esse tipo de rádio costuma desenvolver (PERUZZO, 2006b, p. 116).

O que caracteriza uma rádio como comunitária?

Há diferentes matizes de rádio sob a denominação de comunitária. Algumas se dizem comunitárias porque se valem da Lei 9.612/98 para operar, mas estão mais próximas às rádios convencionais, tanto comerciais como religiosas. São de caráter comercial (rádio local como negócio) e/ou vinculadas a igrejas[3] e políticos "profissionais". Há, portanto, casos de apropriação privada de um serviço legalmente estabelecido como de uso público e participativo por comunidades, o que contribui para gerar distorções e incompreensão por parte da sociedade. Apesar de esse tipo de emissora prestar serviços em benefício das localidades onde atua, não se caracteriza propriamente como rádio comunitária. Não pertence a ela, não tem sua programação e administração conduzidas por organizações coletivas representativas locais, tende a não priorizar a Educação, Informação e Cultura e assim por diante.

Rádios comunitárias (PERUZZO, 1999; 2004; AMARANTE, 2004; DETONI, 2004; LAHNI, 2005; BAHIA, 2006, entre outros) são aquelas que possuem um caráter público, ou seja, são sem fins lucrativos e comprometidos com a melhoria das condições de vida e o desenvolvimento da cidadania por meio do envolvimento direto dos cidadãos. Espera-se, portanto, que uma rádio comunitária seja canal para o exercício da liberdade de expressão da população local, favoreça a participação ativa dos moradores da localidade na emissora, desenvolva um trabalho de informação, Educação informal e não formal, desenvolvimento da cultura e mobilização social na direção da autoemancipação cidadã. Caso contrário, tende a reproduzir estilos de programação e tendências das rádios comerciais, tanto pela ênfase em conteúdo musical condicionado pela indústria cultural quanto pelo alinhamento político a ocupantes de cargos nas instâncias legislativas e do poder executivo municipal em contrapartida a apoios financeiros. Isso sem mencionar as emissoras de caráter religioso, principalmente evangélicas, que primam por irradiar suas pregações no mesmo estilo dos seus templos. A rádio comunitária, não

---

[3] O vínculo em si com alguma igreja não quer dizer que a emissora não seja ou não possa ser comunitária, pois, em muitos casos são justamente esses laços que impulsionam o trabalho comunitário. É um conjunto de fatores que deve ser levados em conta.

precisa se privar de inserções de programas religiosos, mas há que manter um caráter plural oferecendo espaço às diferentes igrejas (PERUZZO, 2006b, p. 116).

Educomunicação na rádio comunitária

Embora a tendência predominante seja tratar a educomunicação a partir das inter-relações entre Comunicação e Educação na Educação formal, ou seja, no âmbito das instituições de ensino, sabe-se que ela também se desenvolve nos processos de comunicação comunitária, e o rádio tem um potencial especial para ajudar o crescimento intelectual de pessoas. A "educomunicação define-se como um conjunto das ações destinadas a integrar às práticas educativas o estudo sistemático dos sistemas de comunicação [...]" (SOARES, s./d., p. 1).

A educomunicação comunitária[4] que ocorre no nível da Educação informal (adquirida no dia a dia a partir das práticas sociais) e não formal[5] (formação estruturada e pode levar a uma certificação, mas difere da Educação formal[6] ou escolar) se manifesta de diferentes maneiras. Numa rádio comunitária, por exemplo, ela se concretiza no nível tanto dos conteúdos transmitidos quanto das práticas comunicacionais desencadeadas

---

[4] Discussão inicial sobre educomunicação comunitária foi feita pela autora no texto "Comunicação comunitária e Educação para a cidadania" (2002). Disponível em: <http://www2.metodista.br/unesco/PCLA/revista13.htm>.

[5] Fundamenta-se nos conceitos de Almerindo Janela Afonso (1989) (apud CARNICEL, 2005, p.48), para quem, "por Educação formal entende-se o tipo de Educação organizada como uma determinada seqüência e proporcionada pelas escolas, enquanto que a designação de Educação informal abrange todas as possibilidades educativas no decurso da vida do indivíduo, constituindo-se um processo permanente e não organizado. A Educação não-formal, embora obedeça também a uma estrutura e a uma organização (distintas, porém, das escolas) e possa levar a uma certificação (mesmo que não seja essa a finalidade), diverge ainda da Educação formal no que respeita a não fixação de tempos e locais e à flexibilidade na adaptação dos conteúdos de aprendizagem a cada grupo completo".

[6] No âmbito escolar entende-se a Educação formal constituída a partir de instituições de ensino (colégios, universidades etc.)

no cotidiano. Os relacionamentos sociais, reuniões e demais trabalhos em equipes, treinamentos formais e informais, as práticas de coleta de matérias jornalísticas, o ato de se expressar pelos meios de comunicação, entre outros, se constituem em evidentes mecanismos de formação cidadã (PERUZZO, 2007).

Como já dissemos em outro texto (PERUZZO, 2007, p. 83-84), as pessoas que se envolvem diretamente na produção comunicativa comunitária passam a compreender melhor a realidade e o mundo que as cercam. Aprendem também a trabalhar em grupo e a respeitar as opiniões dos outros, aumentam seus conhecimentos técnicos, filosóficos, históricos e legais, ampliam a consciência de seus direitos. Desenvolvem a capacidade de expressão verbal, além de conhecerem o poder mobilizatório e de projeção que a mídia possui, em geral simbolizado no atendimento a reivindicações e ao reconhecimento público pelo trabalho de locutores. Aprendem ainda a entender os mecanismos de funcionamento de um meio de comunicação – desde suas técnicas e linguagens até os mecanismos de manipulação a que estão sempre sujeitos.

De posse desse conhecimento, melhoram a autoestima e um possível interesse em crescer e colaborar para que mudanças sociais ocorram, além de formularem espírito crítico capaz de compreender melhor a lógica da grande mídia. Uma forma de entender a mídia é fazer mídia.

Porém, o potencial das rádios comunitárias – participativas e orgânicas às realidades das comunidades – em contribuir para transformar a dura realidade das classes empobrecidas brasileiras não é capaz de sensibilizar favoravelmente o Ministério das Comunicações, as agências reguladoras e as grandes empresas midiáticas nacionais e regionais em relação à necessidade de políticas públicas e leis propícias ao seu funcionamento.

Aspectos da lei de radiodifusão comunitária

A institucionalização da radiodifusão comunitária de baixa potência ocorre no Brasil com promulgação da Lei 9.612, de 19 de fevereiro de 1998 (regulamentada pelo Decreto 2.615/98) que institui o Serviço de Radiodifusão Comunitária, sonora, em frequência modulada (FM) e permite a irradiação a uma potência de 25 watts ERP ("radiação irradiada efetiva", em inglês) e antena não superior a 30 metros. Estabelece ainda: somente uma emissora pode ser instalada numa mesma localidade; canal único na faixa de frequência para todo o País (o que se mostrou inviável para São Paulo); elas não podem transmitir em rede nem inserir anúncios publicitários (só é permitido o patrocínio na forma apoio cultural); não possuem direito à proteção contra eventuais interferências causadas por outras emissoras, entre outros aspectos que serão discutidos mais adiante. Outro agravante é que a legislação da radiodifusão comunitária está atrelada a outros textos legais, como o Código Brasileiro de Telecomunicações (Lei 4.117/1962), a Lei Geral de Telecomunicações (Lei 9.472/1998) e o Decreto-lei nº 2.848/1940 do Código Penal Brasileiro, permitindo enquadramentos penais rigorosos àqueles que operam emissoras sem autorização oficial.[7]

Como se pode observar, a radiodifusão comunitária está submetida a uma legislação que dificulta seu funcionamento, a qual tem sido motivo de protestos e de reivindicações de mudanças por parte do movimento social do setor. Esse é canalizado pela Associação Brasileira de Radiodifusão Comunitária (ABRAÇO) e suas associações congêneres nos estados, bem como por entidades aliadas como Associação Mundial de Rádios Comunitárias (AMARC), entre outras. Já se acenou com possíveis mudanças na lei e na sistemática de autorização de funcionamento de emissoras. Até uma Comissão Interministerial foi criada com a finalidade de analisar a situação e propor soluções, mas nada tem mudado em dez anos de vigência da referida lei, a não ser o aumento do número de emissoras fechadas e de prisões e indiciamentos de lideranças populares. No Parlamento

---

[7] Como já foi dito, o Ministério das Comunicações não atende de modo ágil à demanda por rádios comunitárias. As organizações comunitárias se veem levadas a operar emissoras de baixa potência, mesmo sem a autorização, porque o serviço de informação e mobilização prestado às localidades não pode esperar.

Nacional também há tentativas de modificar a legislação, o que não tem surtido efeito devido a força do *lobby* contrário.[8]

Outros aspectos previstos na Lei 9.612/98 são positivos para preservar o caráter comunitário das emissoras, tais como a exigência de que sejam concedidas somente em nome de fundações e associações comunitárias sem fins lucrativos; a obrigatoriedade de que no mínimo cinco entidades do tipo associações de classe, beneméritas, religiosas ou de moradores, legalmente instituídas, subscreverem o pedido de autorização; a necessidade de se instituir um Conselho Comunitário composto por representantes de entidades da comunidade local com o objetivo de acompanhar a programação da emissora e a explicitação de suas finalidades como forma de preservar o sentido público e pluralista. O artigo 3º estabelece, por exemplo, entre outros aspectos, que o Serviço de Radiodifusão Comunitária tem por finalidade o atendimento à comunidade beneficiada, com vistas a: dar oportunidade à difusão de ideias, elementos de cultura, tradições e hábitos sociais da comunidade; prestar serviços de utilidade pública, integrando-se aos serviços de defesa civil, sempre que necessário; permitir a capacitação dos cidadãos no exercício do direito de expressão da forma mais acessível possível (BRASIL, 1998).

No entanto, uma falha da lei é a de restringir o serviço a comunidades territoriais sem o estender a outros tipos de comunidades, como as étnicas e as de outros tipos de afinidades identitárias. Os princípios (art. 4º) orientadores da ação das rádios comunitária são: dar preferência a finalidades educativas, artísticas, culturais e informativas em benefício do desenvolvimento geral da comunidade; promover atividades artísticas e jornalísticas na comunidade e a integração dos membros da comunidade atendida; respeitar os valores éticos e sociais da pessoa e da família; não discriminar por raça, religião, sexo, preferências sexuais, convicções político-ideológico-partidárias e condição social nas relações comunitárias. Estabelece ainda que as emissoras devem garantir a

---

[8] Ver o Projeto de Lei 4.186 de 1998 que apensa outros projetos similares e modifica a lei 9.612/98.

todo cidadão o direito a emitir opiniões sobre quaisquer assuntos abordados na programação da emissora, bem como manifestar ideias, propostas, sugestões, reclamações ou reivindicações; a obrigatoriedade de preservar a pluralidade de opinião e a difusão de diferentes interpretações de assuntos polêmicos; mas veta o proselitismo de qualquer natureza (BRASIL, 1998).

Enfim, as dificuldades das rádios comunitárias, dos canais comunitários na televisão a cabo, bem como as distorções no sistema de concessão de canais e no conteúdo da programação do rádio e da televisão em escala nacional vêm motivando a explicitação de uma demanda pela organização de uma Conferência Nacional de Comunicação na tentativa de se construírem políticas democráticas de comunicação para o País. Após debates e pré-conferências municipais e estaduais acabou se realizando, em Brasília-DF, de 14 a 17 de dezembro de 2009 a I Conferência Nacional de Comunicação (CONFECOM). Trata-se de um marco na história das comunicações ao proporcionar a oportunidade formal de ampla discussão em nível nacional sobre os meios de comunicação, no formato de conferência, ou seja, com a participação de representantes de vários segmentos sociais, provenientes de todas as regiões do país, os quais elegeram propostas concretas para novas leis e a formulação de uma política pública para o setor das Comunicações que atendam as demandas da sociedade civil brasileira, o que inclui aquelas do setor comunitário e sem fins lucrativos.

No Brasil não há política nacional de comunicação formulada e expressa e, muito menos, para a radiodifusão comunitária. As "políticas" de comunicação são implícitas e favoráveis aos grandes grupos de mídia e ao mercado das comunicações do ponto de vista prioritário do negócio. As rádios comunitárias vêm sendo tratadas como "casos de polícia", sob o comando da Agência Nacional de Telecomunicações (ANATEL) e da Polícia Federal. Em outras palavras, há leis isoladas, como as da radiodifusão comunitária e dos canais comunitários no sistema cabo de televisão, mas não uma política implementadora que conduzisse a práticas e regulamentações facilitadoras do exercício do direito de comunicar por parte do cidadão, das comunidades e das organizações civis coletivas e sem finalidade de lucro. Até no âmbito dos debates das forças progressistas sobre políticas nacionais de comunicação e democratização da mídia se privilegia o sistema midiático de grande porte, deixando de fora – ou nas rabeiras – portanto, as questões da comunicação popular e comunitária, exceto por parte de iniciativas isoladas de alguns militantes. As reivindicações, denúncias e propostas do setor comunitário têm sido conduzidas pelas próprias lideranças das associações do setor, como a ABRAÇO e seus aliados.

Considerações finais

O rádio nasce local e com um sentido educativo-cultural. Esse perfil só é ameaçado quando transformado em mercadoria ou quando seu poder de transportar sinais e sons é transformado em meio de negócio, sobrepondo-se ao interesse público.

As rádios livres e comunitárias provocam a reinvenção desse tipo de modelo de comunicação. Suas práticas forçam a elaboração e a modificação de leis, além de forjarem sinais de processo de trabalho e de propriedade coletivos dos meios de comunicação, entre outros aspectos.

Referências

AFONSO, Almerindo Janela. Sociologia da Educação não-escolar: reatualizar um objetivo ou construir uma nova problemática? In: ESTEVES, A. J.; STOER, S. R. (Orgs.). *A sociologia na escola*. Porto: Afrontamento, 1989.

AMARANTE, Maria Inês. *Rádio comunitária na escola: protagonismo adolescente e dramaturgia na comunicação educativa*. São Bernardo do Campo: UMESP, 2004. Dissertação (Mestrado em Comunicação Social).

BAHIA, Lílian Claret M. *A reconfiguração da esfera pública local pelas rádios comunitárias Inter-FM e União na região metropolitana de Belo Horizonte*. São Bernardo do Campo: UMESP, 2006. 189 f. Dissertação (Mestrado em Comunicação Social).

BRASIL. Lei 9.612 de Radiodifusão Comunitária (1998). República Federativa do Brasil. Brasília-DF, 1998.

CARNICEL, Amarildo. O jornal comunitário e a Educação não-formal: experiências e reflexões. In: FUSER, B.(Org.). *Comunicação alternativa*: cenários e perspectivas. Campinas: CMU-PUC Campinas, 2005. P.45-74.

DETONI, Márcia. *Radiodifusão comunitária: baixa potência, grandes mudanças? – estudo do potencial das emissoras comunitárias como instrumento de transformação social.* São Paulo: ECA-USP, 24.136 f. Dissertação (Mestrado em Comunicação Social).

LAHNI, Cláudia Regina. *Possibilidades de cidadania associadas à rádio comunitária Juizforana Mega FM.* São Paulo: ECA-USP, 2005. 289 f. Tese (Doutorado em Comunicação Social).

MACHADO, Arlindo: MAGRI, Caio: MASAGÃO, Marcelo. *Rádio livres: a reforma agrária no ar.* São Paulo: Brasiliense, 1986.

PERUZZO, Cicília M. K. *Comunicação nos movimentos populares: a participação na construção da cidadania.* 3. ed. Petrópolis: Vozes, 2004.

PERUZZO, Cicília M. K. *Rádios comunitárias: entre controvérsias, legalidade e repressão. Portal Mídia Cidadã.* São Bernardo do Campo: Cátedra Unesco-Umesp, 2005. Disponível em: http://www2.metodista.br/unesco/agora/agora _agora.htm. Acesso em: 02 mar.2006a.

PERUZZO, Cicília M. K. *Rádio Comunitária na Internet: empoderamento social das tecnologias* Versão revista e ampliada publicada na Revista Famecos. Porto Alegre: PUCRS, v. 30, p. 115-125, 2006b.

PERUZZO, Cicília M. K. Rádio comunitária, educomunicação e desenvolvimento local. In: PAIVA, Raquel (Org.). *O retorno da comunidade*: os novos caminhos do social. Rio de Janeiro: Mauad, 2007. p. 69-94.

PERUZZO, Cicília M. K. Participação nas rádios comunitárias no Brasil. In: MELO, José Marques de; CASTELO BRANCO (Orgs.) *Pensamento Comunicacional brasileiro.* São Bernardo do Campo: UMESP, 1999. p. 405-423.

SOARES, Ismar de O. *Mas, afinal, o que é educomunicação?* Núcleo de Comunicação e Educação da Universidade de São Paulo. Disponível em: <http://www.usp.br/nce/wcp/arq/textos/27.pdf>. Acesso em: 11 nov. 2008

A rádio comunitária na construção da cidadania e da identidade

Lílian Mourão Bahia

Este capítulo discute e analisa os resultados da pesquisa para dissertação de mestrado sobre o papel das rádios comunitárias União (Belo Horizonte) e Inter-FM (Brumadinho) na reconfiguração da esfera pública na região Metropolitana de Belo Horizonte (RMBH). A partir do depoimento de líderes comunitários, agentes, trabalhadores e dirigentes desses veículos, relata os desafios, o potencial, bem como as dificuldades e a rotina de funcionamento desses meios de comunicação comunitária.

As reflexões sobre a pesquisa foram norteadas pelo potencial de contribuição das emissoras na reconfiguração da esfera pública dessas localidades, tendo em vista os conteúdos educativo e comunitário das programações. Neste sentido, foram ancoradas em conceitos e abordagens teóricas de autores e pesquisadores das formas alternativas de comunicação, tendo como norte o estudo sobre a esfera pública de Jürgen Habermas. A pesquisa verificou em que medida as rádios comunitárias contribuem para o reconhecimento do sujeito como cidadão e para a construção das relações com sua comunidade e com os grupos aos quais se sente ligado. Esse foco foi alargado, já que o indivíduo busca também o reconhecimento do Estado como forma de ampliar seus direitos.

O objetivo central deste capítulo é, portanto, refletir sobre as reais condições das emissoras União e Inter-FM para atuarem como instância educativa e contribuírem para a construção da cidadania e das identidades dos moradores das comunidades onde atuam. Visa analisar o funcionamento dessas rádios, identificando a perspectiva de seus agentes do que seja uma rádio comunitária, assim como do uso que delas fazem. Busca-se ainda identificar e analisar a percepção das lideranças das comunidades pesquisadas quanto à atuação e às funções educativa, cultural, política e social que elas exercem. A importância do tema advém, sobretudo, do elevado número de rádios comunitárias na RMBH localizadas em vilas e favelas e que possuem significativo contingente de ouvintes. Esse estudo pretende ampliar a discussão sobre o potencial socioeducativo do rádio e sua utilização no processo de Educação informal. De natureza qualitativa, a pesquisa se valeu de procedimentos metodológicos relativos ao estudo de caso e de entrevistas semiestruturadas com líderes comunitários, dirigentes e agentes das rádios. Utilizou-se ainda revisão bibliográfica e consulta a documentos particulares.

Cidadania: a transformação de um conceito busca entender o sujeito social na história

Embora não seja um termo atual, mas originalmente empregado na Grécia antiga (GOHN, 2003), "cidadania" está entre os conceitos mais utilizados nas últimas décadas por intelectuais, políticos, pela mídia e pela população de forma geral. Entre as concepções sobre cidadania surgidas no século XX, Gohn destaca as versões neoliberais, em que o cidadão, já educado, participa de comunidades de interesse. No interior dessas versões surgem as expressões cidadania planetária, diferenciada e coletiva, sendo que a última recebe maior atenção deste estudo por deslocar-se do indivíduo para a cidadania de grupos, o que nos remete aos movimentos sociais e às rádios comunitárias. Segundo Gohn (2003, p. 176), a cidadania coletiva

[...] une coletivos sociais da sociedade civil e pressiona o Estado pela regulamentação, implementação e vigilância da aplicabilidade de direitos de inúmeras ordens. Os movimentos sociais, populares e não populares, rurais e urbanos, são os sujeitos históricos que construíram e expressam a cidadania coletiva. A cidadania coletiva, muitas vezes, choca-se com a lógica do capital porque questiona um dos pilares do sistema capitalista que é a propriedade privada e propõe a propriedade coletiva.

Tal discussão é balizada pela concepção dos direitos de terceira geração definidos por Marshall (1967) nas últimas décadas do século XX para explicar, dentro do estudo sobre os direitos civis, aqueles que têm como titular os grupos humanos, as coletividades. Tais direitos permitem estabelecer estreita relação com o movimento das rádios comunitárias, já que essas buscam a ampliação de espaços e lugares para os que não têm voz ou a têm de maneira reprimida e controlada. Nesse aspecto, Bobbio (1992) chama a atenção para a contradição que permeia a questão, evidenciando que os direitos do cidadão ainda não são garantidos em sua universalidade. As emissoras comunitárias trabalham (divulgam, incentivam discussões) não só os direitos de terceira e quarta geração (referentes à pesquisa biológica), mas também os de primeira e segunda (que tratam dos direitos civis e sociais), abrindo debates e espaços para a participação das minorias, que desejam opinar sobre questões coletivas.

Como canal de comunicação mais próximo à comunidade, as rádios comunitárias estão focadas prioritariamente no interesse e nas necessidades coletivas, e não especificamente no lucro financeiro. Nessa perspectiva, o engajamento do indivíduo nos meios de comunicação populares é fundamental, já que, pela participação, receptores, que até então eram considerados passivos, tornam-se produtos de mensagens. Esse é o contexto ideal para que ocorra o processo de Educação informal, na medida em que

[...] a pessoa inserida nesse processo tende a mudar o seu modo de ver o mundo e de relacionar-se com ele. Tende a agregar novos elementos à sua cultura. [...] Os meios de comunicação comunitários/popular [...] contribuem, portanto, duplamente para a construção da cidadania. Oferecem um potencial educativo enquanto processo e também pelo conteúdo das mensagens que transmitem (PERUZZO, 2002).[1]

Ao pontuar que a ampliação da cidadania se dá, sobretudo, pela democracia na comunicação, Cicília Peruzzo (2004) reforça que os meios de comunicação comunitários

> [...] potencializam a participação direta do cidadão na esfera pública convencional no Brasil contemporâneo. Eles estão mais facilmente ao alcance do povo, se comparados com a grande mídia... porque se situam no ambiente em que as pessoas vivem, conhecem a localização e podem se aproximar mais facilmente. [...] porque se trata de uma comunicação de proximidade. Ela tem como fonte a realidade e os acontecimentos da própria localidade, além de dirigir-se às pessoas da "comunidade", o que permite construir identificações culturais (PERUZZO, 2004, p. 18).

Como se pode perceber, tal dinamismo da sociedade gera um nível de conhecimento e aprendizado que pouco a pouco vai construindo a cidadania de atores sociais e de uma sociedade. Constata-se que os meios de comunicação têm papel fundamental nesse processo e, cada vez mais, se impõem como educativos. Oportuno recorrer a Paulo Freire (1981b) que sintetiza a orgânica relação entre esses dois campos, ao estabelecer estreita articulação entre a Educação e a comunicação. O engajamento social que tal situação produz, ao incentivar a participação popular, abre espaço para a construção e a reconstrução de valores, para a conscientização do homem sobre os seus direitos e deveres na sociedade, ampliando, portanto, o conceito e a prática da cidadania. O exercício pleno da cidadania sempre se mostrou questão complexa, e tal condição não tem se modificado com o tempo em função das carências, das contradições e das precariedades em que vive grande parte da população brasileira.

---

[1] Disponível em: <http://www2.metodista.br/unesco/PCLA/revista13/artigos%20 13-3.htm>. Acesso em 13 mar. 2005.

O que se vê são tentativas de exercitá-la, e isso é em grande medida evidenciado pelos respondentes da pesquisa, que se mostram determinados a contribuir para a efetiva prática de tal direito. Entretanto, essa noção da nova cidadania deve ser entendida, de acordo com Ruth Leite Cardoso (1994), Liszt Vieira (2000) e José Murilo Carvalho (2001), na perspectiva de que não se pensa mais em direitos individuais descolados dos coletivos. Isso foi verificado nas comunidades pesquisadas em função da atuação de entidades e movimentos sociais que lutam pela melhoria da qualidade de vida dos moradores.

Entende-se que a cidadania política, que prevê a participação do indivíduo no exercício do poder político, é em parte vivenciada pelas comunidades estudadas na medida em que se considera não o poder político partidário, mas o poder político local, que possibilita ao morador participar e decidir sobre temas e questões coletivas.

Por outro lado, a cidadania social, que reflete o conjunto de direitos à segurança e ao bem-estar econômico, de compartilhar as riquezas socialmente produzidas e de viver com civilidade não é vivenciada pela população estudada. Mas ambas as comunidades lutam para conquistá-la. As questões apontadas pelos respondentes quanto à dimensão da cidadania encontram eco nas reflexões de Pereira da Silva (2000) e Maria da Glória Gohn (2003), cujas análises mostram relação entre a definição desse termo e a busca pela realização de um ideal ou virtude a ser alcançado a partir de ações cotidianas voltadas para a busca do bem comum.

Os entrevistados demonstraram bom nível de conscientização e informação sobre as diferentes facetas do que significa ser cidadão no cenário contemporâneo. Entendem que as rádios pesquisadas têm fundamental importância na construção e no exercício da cidadania no cotidiano dos moradores do Aglomerado Santa Lúcia (Belo Horizonte) e dos distritos de Brumadinho, na medida em que chamam a atenção para temáticas de interesse da coletividade e inserem tais comunidades no contexto dos municípios onde atuam. Ao levar em conta os depoimentos dos líderes entrevistados recorre-se novamente aos estudos de Leite Cardoso (1994) quanto ao conceito de cidadania coletiva, cujo exercício é verificado nas localidades pesquisadas. Constata-se que o envolvimento dos respondentes com suas comunidades não é motivado por questões pessoais, mas coletivas, embora essas atravessem as de âmbito geral.

Rádio comunitária e comunidade: a busca pela alteridade

A relação estabelecida entre emissora comunitária e a comunidade é caracterizada pelo dinamismo da própria localidade. Embora sejam bem demarcadas algumas diferenciações, percebe-se a força imperiosa das relações humanas e intersubjetivas nas esferas sociais, econômicas, políticas e culturais, o que as torna semelhantes quando constatada a necessidade de se respeitar o indivíduo e a oportunidade de aprender com as vivências de cada grupamento social.

A pesquisa evidenciou que é estreita a ligação dos líderes com as populações e, de forma geral, eles se sentem comprometidos com o desenvolvimento das localidades e com o bem-estar dos moradores, embora o sentido tenha sido mais evidenciado pelos entrevistados do Aglomerado Santa Lúcia, que afirmaram até alimentar constantemente a Rádio União com notícias locais. A relação de proximidade detectada na pesquisa é contemplada por Sennett (1999, p.165), segundo o qual "o lugar se torna uma comunidade quando as pessoas usam o pronome nós". Tais considerações remetem ao pensamento de Paiva, (1998, p. 80) que, apesar de criticar a visão limitada de alguns teóricos quanto à noção de comunidade, leva em conta a dimensão do território quando se discute a composição da identidade do cidadão. A noção de comunidade está fortemente presente nos depoimentos dos líderes de ambas as localidades pesquisadas, na medida em que consideram a importância das festas religiosas e comunitárias para a união dos moradores. A participação popular na gestão das emissoras comunitárias é abordada por Valdir Oliveira (2000), que sugere que a questão seja analisada sem romantismo e com olhos mais voltados à realidade diária das emissoras. Segundo ele, a exigência da participação da comunidade na administração das rádios comunitárias deve ser repensada pelos teóricos da área sem a "visão heróica" dessas emissoras como modelo de poder horizontalizado.

Expressão e debate
na esfera pública radiofônica

O conceito de esfera pública foi inicialmente concebido por Jürgen Habermas, em *A mudança estrutural da esfera pública* (1984), como espaço social em que interesses pretensões que comportam consequências concernentes à coletividade apresentam-se para serem discutidas em público e argumentadas de forma aberta e racional. Tal obra entende esfera pública como a zona alternativa da maior liberdade de expressão e crítica ao governo monárquico, especialmente por parte da elite intelectual e da classe burguesa que frequentava as casas de chá e os cafés londrinos no século XVII. Uma questão só era legitimada se superasse a prova do melhor argumento. Tratava-se de uma esfera de mediação entre o Estado e a sociedade civil, entre poder público e esfera privada, esta última entendida como esfera autônoma da sociedade civil emancipada do Estado e publicamente relevante.[2] São características importantes o caráter dialógico e a interação baseada na copresença. A esfera pública surgiu como mecanismo de defesa para a burguesia, classe social detentora de poder econômico. Por cidadãos entendia-se os homens (exceto os escravos e os estrangeiros) com nível socioeconômico que lhes permitisse acesso a um nível mínimo de Educação. Em seu primeiro enfoque, Habermas (1984, p. 42) definiu esfera pública

---

[2] As esferas pública e privada são também analisadas por BOBBIO, 2003.

[...] como a esfera das pessoas privadas reunidas em um público; elas reivindicam esta esfera pública regulamentada pela autoridade, mas diretamente contra a própria autoridade, a fim de discutir com ela as leis gerais da troca na esfera fundamentalmente privada, mas publicamente relevante, as leis do intercâmbio de mercadorias e do trabalho social.

O enfoque inicial de Habermas não foi recebido de forma consensual por outros estudiosos da questão social e do papel da mídia, cujas observações e releituras acabaram por revisá-lo inúmeras vezes. O próprio autor, três décadas após os primeiros estudos, faz a releitura daqueles conceitos quando incorpora novos processos de organização e participação pública dos cidadãos e admite a existência de outras esferas públicas, além da burguesa, foco dos estudos iniciais.

Entre os autores que revisaram os estudos de Habermas, John Thompson (1998) recusa a ideia de que os receptores dos produtos da mídia são passivos, como afirmara inicialmente o filósofo alemão. Isso pode ser comprovado a partir do próprio movimento em favor das rádios comunitárias que, de forma clara, imprime ações reativas e proativas contra a hegemonia dos meios de comunicação convencionais e empresariais.

Outro crítico de Habermas cujas ideias mostram coerência com a prática das rádios comunitárias, Gomes (1999) enfatiza o poder argumentativo da mídia, desconsiderado nas primeiras noções do estudioso alemão. Conforme se constatou pelos resultados da pesquisa, as duas emissoras mostram considerável poder de expressão e mobilização das comunidades em torno de temas de interesse coletivo e, em certa medida, atuam como microesferas públicas nas suas localidades.

Os estudos de Arendt (1958) sobre a esfera pública casam-se claramente com as respostas dos líderes comunitários entrevistados. A perspectiva da pesquisadora de que a esfera pública multiplica a audiência familiar (p. 67) pode ser aplicada na vivência dos atores sociais ligados às emissoras comunitárias, mais precisamente à satisfação de quem dá depoimentos no principal meio de comunicação de sua comunidade.

Como se vê, embora as discussões aqui apresentadas tenham partido das noções iniciais de Jürgen Habermas sobre a esfera pública, os conceitos do filósofo alemão ganham novos significados e, aplicados ao contexto atual, vêm revestidos por um dinamismo forjado no cotidiano das comunidades. As contribuições dos autores que revisaram as ideias do estudioso mostram-se mais próximas da realidade analisada neste trabalho, já que a esfera pública atual se configura de maneira completamente diferente daquela representada nos primeiros estudos de Habermas. A onipresença das informações, a velocidade com que são produzidas e distribuídas fazem com que a esfera pública seja diferente daquela inicialmente concebida pelo estudioso alemão. Tal diferença pode ser verificada a partir da possibilidade de participação mais ampla de todas as pessoas da comunidade, independentemente do nível socioeconômico e cultural, incluindo os diferentes segmentos, a exemplo do público feminino. Essa perspectiva não se reveste de romantismo, ao contrário, mas sim da constatação de que os grupamentos estudados criam condições de sobrevivência, de vínculos e interações sociais, como forma de estabelecer comunicação com seus pares.

Considerações finais

A pesquisa atestou, à luz dos conceitos abordados pelos autores no aporte teórico deste trabalho, que as duas rádios comunitárias analisadas contribuem para o processo de construção da cidadania das populações estudadas. Tais contribuições advêm, sobretudo, da divulgação de informações de interesse coletivo. Essa questão foi observada principalmente na comunidade de Brumadinho. Não se pode concluir que a proximidade física das comunidades com as rádios seja determinante para reconfigurar relações mais estreitas entre ambas, mas constatou-se a maior participação dos moradores do Aglomerado Santa Lúcia na rotina da Rádio União, ao contrário do percebido no relacionamento entre a população de Brumadinho e a Rádio Inter-FM.

Em face de tais considerações, chama-se atenção para a grande ascensão dessas emissoras sobre o crescente contingente populacional que recebe o sinal por elas transmitido. Imagine-se o que é possível fazer se esse potencial for utilizado como instrumento de Educação e de formação de consciência crítica e se o movimento pela legalização das rádios comunitárias for amparado por uma legislação que reflita a preocupação do governo e do poder legislativo com o desenvolvimento socioeconômico, político e cultural da população.

Esta pesquisa revelou também que, ao mesmo tempo que se busca romper com o modelo vertical de comunicação e com a lógica comercial vigentes no setor, as rádios Inter-FM e União se referenciam em determinados formatos de programação das emissoras comerciais. No entanto, apesar das grandes dificuldades e limitações das rádios comunitárias no Brasil e, em particular, da região Metropolitana de Belo Horizonte analisadas neste estudo, essas experiências enfatizam um modelo comunicativo democrático e colaboram para reconfigurar a esfera pública midiática na região, ainda que de forma embrionária e descontínua. Além disso, elas contribuem para a formação e a consolidação de identidades locais e abrem espaço para o exercício da cidadania. Neste sentido, tais emissoras podem ser consideradas como práticas educativas e comunicacionais que têm contribuído para pluralizar as vozes, enfim, para formar esferas públicas locais mais plurais e democráticas.

Referências

ARENDT, Hannah. *A condição humana*. VI Ed., São Paulo: Forense Universtária, 1958.

BAHIA, Lílian Claret Mourão. *A reconfiguração da esfera pública da região metropolitana de Belo Horizonte pelas rádios comunitárias Inter-FM e União*. São Bernardo do Campo/SP: Metodista, 2006.Dissertação de mestrado em Comunicação Social.

BOBBIO, Norberto. *A era dos direitos*. Rio de Janeiro: Campus, 1992

BOBBIO, Norberto. *Estado, governo, sociedade: para uma teoria geral da política*. 10. ed. Rio de Janeiro: Paz e Terra, 2003.

CARDOSO, Ruth Corrêa Leite. A trajetória dos movimentos sociais. In: DAGNINO, Evelina (Org.). *Anos 90: política e sociedade no Brasil*. São Paulo: Brasiliense, 1994.

CARVALHO, José Murilo de. *Cidadania no Brasil*. Rio de Janeiro: Civilização Brasileira, 2001.

COGO, Denise Maria. *No ar... uma rádio comunitária*. São Paulo: Paulinas, 1998.

DAGNINO, Evelina. (Org.) *Anos 90, política e sociedade no Brasil*. São Paulo: Braziliense, 1994.

FREIRE, Paulo. *A educação como prática da liberdade*. Rio de Janeiro: Paz e Terra, 1981a.

FREIRE, Paulo. *Extensão ou comunicação?* Petrópolis: Vozes, 1981b.

GOHN, Maria da Glória. *Movimentos sociais no início do século XXI: antigos e novos atores sociais*, 2003.

GOHN, Maria da Glória. *Os sem-terra, ONG e cidadania*. 2. ed. São Paulo: Cortez, 2000.

GOMES, Wilson. Esfera pública: política e media II. In: Práticas discursivas na cultura contemporânea. Rio Grande do Sul: Unisinos, 1999.

GOMES, Wilson. Esfera pública política e media: com Habermas, contra Habermas. *Anais do VI Encontro Anual da Compôs*. Rio Grande do Sul: Unisinos, 1997.

HABERMAS, Jürgen. O Espaço Público 30 anos depois. *Caderno de Filosofia e Ciências Humanas*. Ano III – n.º 12 Abril/99 – Unicentro/ BH, 1999.

HABERMAS, Jürgen. *A mudança estrutural da esfera pública*. Rio de Janeiro: Tempo Brasileiro, 1984.

MARSHALL, T. H. *Cidadania, classe social e status*. Rio de Janeiro: Zahar Editores, 1967

OLIVEIRA, Valdir de Castro. A reconfiguração do espaço público nas ondas das rádios comunitárias. Belo Horizonte: UFMG, 2000.

OLIVEIRA, Valdir de Castro. 2001. *Comunicação, identidade e mobilização social na era da informação*. Trabalho apresentado no VIII Simpósio da Pesquisa em Comunicação da Região Sudeste. Vitória. Universidade Federal do Espírito Santo (UFES). 16 e 17/mar/2001.

PAIVA, Raquel. *O espírito comum: comunidade, mídia e globalismo*. Petrópolis: Vozes, 1998.

PERUZZO, Cicília Maria Krohling. *Comunicação nos movimentos populares: a participação na construção da cidadania*. 2. ed. Petrópolis: Vozes, 1999a.

PERUZZO, Cicília Maria Krohling. Mídia local e suas interfaces com a mídia comunitária. In: *Anuário Unesco/Umesp de Comunicação Regional*, n. 6, São Bernardo do Campo: Umesp, 2003.

SENNET, Richard. *A corrosão do caráter*. Rio de Janeiro: Editora Record,1999.

THOMPSON, John. *A mídia e a modernidade: uma teoria social da mídia*. Petrópolis: Vozes, 1998.

VIEIRA, Liszt. *Cidadania e Globalização*. Rio de Janeiro: Record, 2000.

Para criar o site Radioforum, em busca de um rádio inventivo

Mauro José Sá Rego Costa

O rádio tornou-se um veículo de caráter limitado com a restrição de seu uso aos interesses comerciais e a redução de seu papel de mídia educativa, cultural e artística. Com pouquíssimas exceções, o campo da experimentação e da criação nas ondas sonoras encolheu. Do ponto de vista da linguagem, o rádio, como todos os novos *media*, ao surgir, apropriou-se de meios já existentes, como o jornal, o teatro, a sala de concertos, entre outros. No mesmo período dessa apropriação, um número de artistas percebia e procurava aspectos mais específicos da nova mídia que deviam ser revelados na sua produção.

Dziga Vertov tenta um cinema sonoro, antes de chegar ao cinema (1919), com seu Laboratório da Escuta; Brecht, de 1927 a 1932, propõe um rádio que seja ágora eletrônica, como a internet hoje, com os receptores também transmissores, visando à ampliação da expressão democrática. O desenvolvimento de uma teoria do rádio se fez mais lentamente que as da fotografia e do cinema – seus quase contemporâneos – e, até hoje, se apresenta mais fragmentária e descontínua que aquelas, mas já constitui um horizonte que pode nos servir de base (KAHN; WHITEHEAD, 1992).

No fim dos anos 1940, Pierre Schaeffer criou a "música concreta" num estúdio de uma rádio francesa (ORTF), transformando em música e linguagem autônoma os recursos de sonoplastia e documentação sonora, que eram recursos auxiliares na linguagem do rádio. Antonin Artaud compõe e realiza sua peça radiofônica "Para acabar com o julgamento de Deus", proibida de ser transmitida, em novembro de 1947. Mas a peça radiofônica – diferente do teatro adaptado para o rádio – foi desenvolvida pelo dramaturgo e músico Samuel Becket e pela tradição alemã do *Neue Horspiel*.

Murray Schafer (1991), com seu conceito de "paisagem sonora" – produzido sem pensar exatamente em rádio, e sim nos meios de ampliação da consciência cotidiana do ambiente sonoro, ou numa ecologia acústica, para uma "Educação da escuta" –, teve enorme influência teórica e prática em vários de seus seguidores interessados na arte do rádio – como Hildegard Westerkamp (1997), Dan Lander (1999) e outros – e abriu uma área da composição eletroacústica de grande radiogenia.

Klaus Schöning, do estúdio de pesquisa acústica da DWR, assim definiu sua Ars Acustica:

> Desde muito tempo, escritores, compositores, poetas sonoros, cineastas, reconheceram o desafio criativo apresentado pela idéia de ligar as suas atividades artísticas avançadas com as novas possibilidades da eletroacústica. Isso levou à emergência de uma forma de arte à qual tenho me referido como Arte Acústica ou Ars Acustica desde 1970. Uma nova arte de mídia, cujo desenvolvimento pode ser associado a um caminho entre artes e instituições, um caminho com muitas rotas alternativas dentro e fora da esfera do rádio (EL HAOULI, 2001).

René Farabet (1994) baseia-se num discurso de Michel Foucault (1984) para arquitetos, em que definiu os espaços heterotópicos. Esses heterotopos ou "lugares outros"

> [...] seriam [...] lugares privilegiados de deslocamento, tais como jardins, hospitais, asilos, cemitérios, colônias penais [...]. Por sua vez, o espaço eletrônico seria um novo não-lugar existente, no qual – "do interior do externo" – as

rádios podem interferir ou intervir. A partir desse "lugar outro" de onde as ondas de rádio fluem a um só tempo material e invisivelmente, transmitindo sons capazes de mudar nossa escuta, é possível falar de uma heterotopia.

Bom, por onde anda esse rádio? Sumiu. Não existe lugar para ele no *dial*, na cacofonia que tomou conta do espectro hertziano. Foi com essa constataçao que um grupo de radioartistas, produtores e teóricos do rádio, assim como criadores de narrativas sonoras que não se escutam por elas mesmas, música para cinema, para teatro, dança, *performances* ou as novas interfaces entre a música, o som e as artes plásticas, resolveu inventar esse espaço na internet – um site que se propõe como um "Radioforum".

Som de cinema, pelo menos o que nos interessa, há muito tempo deixou de ser "trilha sonora", música e som para acompanhar o que a imagem mostra. Godard (1989) nos ensinou que o filme são duas trilhas, uma de imagem, outra de som, e que cada uma conta uma história. Wim Wenders é outro mestre nos movimentos ruídos-sons-música-palavras que tem vida própria. Ver *Para além das nuvens*, roteiro de Antonioni, que acompanhou as filmagens, já cego; ou *O céu sobre Lisboa*, cujo personagem principal é um engenheiro de som que grava os *soundscapes* de Lisboa ("Eu costumava dizer que minha profissão era fazer imagens, e isso é verdade dos meus primeiros filmes. Eu filmava, e cortava e editava, e cortava de novo e editava de novo e, depois de uns dois meses, a edição final ficava pronta em três dias. Hoje é diferente. Corto as imagens em duas semanas e me tranco com o som por mais seis meses. Estou me tornando mais um cineasta do som que da imagem..."[1]). Pensar e produzir de outro modo as relações de som-ruído-diálogos-música no cinema é igualmente o que ouvimos de David Tygel, um dos melhores *sound-designers* brasileiros para o cinema, que está conosco no Radioforum.

Lilian Zaremba, radioartista e ex-produtora da Rádio MEC FM Rio, é outra participante e criadora do Radioforum.

---

[1] Trecho de uma conversa telefônica entre Wim Wenders, Bono e Brian Eno, publicada em *Cinema Sounds Magazine*, 1993.

Ela vem mexendo com a fronteira entre as artes plásticas e a música e conta:

> Comecei a pensar em outras possibilidades para transmissão radiofônica a partir de 1997 quando descobri, em minhas pesquisas para o mestrado, mais do que já sabia existir: partindo dos rádios documentários contrapontísticos de Glenn Gould, passando pelas propostas de rádio de John Cage, *performances* e transmissões formalizadas pelo evento canadense Rádio Rethink [...] e entrando em contato com produtores brasileiros como Regina Porto, Cynthia Gusmão e Roberto D'Ugo. [...] Penso que antes de determinar o "fim do rádio" é necessário considerar as muitas formas de se entender e fazer rádio no século XXI, entre elas, as que não dependem de uma emissora, um canal alocado num *dial*. Dessa forma, a exploração de ideias de rádio torna-se efetivo caminho na busca por evolução nesta linguagem da comunicação, podendo ser exposta num espaço como Galeria de Arte, na internet, em bares, áreas urbanas ao ar livre, *campi* universitários ou em uma instituição pública, como o Museu de Arte Contemporânea (MAC), em Niterói. A exposição *O que eu faço é Rádio!*, realizada ali durante o mês de setembro de 2006, reuniu trabalhos como o "Telembaum" do artista paulista Paulo Nenflidio, voltado a explorar a utilização de objetos para transmissão de mensagens por código Morse ou ondas eletromagnéticas. Mais recentemente, a exposição *Arte e música*, montada em galerias da Caixa Cultural em São Paulo, Brasília e Rio de Janeiro, curada por Luiza Duarte e Marisa Florido, reuniu uma série de propostas em que o rádio se fez ouvir em paisagens sonoras dos artistas Paulo Vivacqua, ou no *Chuveiro sonoro*, do artista Romano (que reuniu uma série de vozes de "cantores de chuveiro" associados a emissões de programas de rádio), ou na instalação *Rádio Rasgo de Luz*, que montei utilizando um velho aparelho de rádio valvulado e vários MP4, o novo "radinho de pilha", questionando essas muitas "caixas de rádio", clausuras não apenas do rádio, mas das próprias ideias que dele podemos extrair. Não chega a ser novidade se lembrarmos o trabalho na confluência do plástico e sonoro desenvolvido pelo músico suíço-baiano Walter Smetak, entre os anos 1960 e 1970, resultando em

objetos classificados como "plásticas sonoras", merecendo em 2008 exposição especial montada no Museu de Arte Moderna da Bahia e no de São Paulo, onde realizei um rádio documentário sobre o trabalho.[2]

O universo da dança contemporânea, principalmente com os novos coreógrafos do Rio de Janeiro, abriu outros espaços para essa articulação música/dança, que tem momentos históricos exemplares, como uma peça de John Cage para coreografia de Cunningham, em que compositor, coreógrafo e bailarinos só ouviram-e-viram suas "trilhas", pela primeira vez, na hora da estreia (GIL, 2001, p. 48; CAGE, 1973, p. 94) [Godard devia saber disso!!!???]. Compositor carioca, Tato Taborda tem produzido especialmente para dança, está conosco no Radioforum e vai administrar a página do Sound Design Dança.

Quando pensamos nos outros gêneros radiofônicos é bom lembrar que Julio de Paula – outro que nos acompanha – tem espaço para a produção de seus documentários sonoros numa de nossas poucas rádios "culturais": "Veredas", na Rádio Cultura FM, São Paulo. Mas o universo dos documentários sonoros (ou *features*, na leitura anglo-americana) tem um amplo espectro na produção de rádios educativas e culturais pelo resto do mundo. Nossa referência mais recente foi a obra de Harri Huhtamaki, que há 28 anos mantém seu "RadioAtelier", na YleisRadio de Helsinque. Muitos dos *features* de Huhtamaki que ouvimos são um gênero fronteiriço entre o documentário sonoro e a radioarte ou o radiodrama, como o *Calewalayana (changes in the ecology of the mind)* inspirado no épico fundador da nacionalidade finlandesa – o Kalevala.

O programa começa questionando explicitamente sua "classificação": este é um documentário / das mudanças

---

[2] Depoimento de Lilian Zaremba para o autor em junho de 2009. Smetak Imprevisto – rádio documentário em quatro partes roteirizado e produzido por Lilian Zaremba, para o MAM-São Paulo e transmitido pela Rádio Cultura Brasil AM em quatro sábados de novembro e dezembro de 2008.

nos estados d'alma / da história da música / da história dos pensamentos e sentimentos dos músicos / de nossas maneiras de interpretar o épico nacional finlandês / o Kalevala, de onde vem seu versos cantados / da identidade finlandesa / da quebra de fronteiras, da nostalgia, da dor / do mau gosto e do amor por programas / que exigem ambos os ouvidos e / uma mente aberta e relaxada.[3]

Ou *Amazon*, em que ele reproduziu a paisagem sonora "imaginada" da floresta amazônica sem sair de sua casa e de seu estúdio, usando como material "documental" "real" apenas dois discos com gravações dos pássaros da Amazônia. "Uma mistura de sons, música, presença humana, com textura composta pelo músico Baron' Paakkunainen".[4]

Radioarte, outro gênero que o Radioforum vai disponibilizar, é algo ainda mais raro no Brasil. Os poucos radioartistas brasileiros trabalham ou por conta própria e dentro do espaço acadêmico, ou por encomendas de rádios culturais, principalmente europeias. Assim, por exemplo, Janete el Haouli, convidada pela Westdeutscher Rundfunk (WDR), de Colônia, Alemanha, e realizou o projeto *Stratosound* – um retrato acústico do pesquisador e *performer* da voz Demetrio Stratos; e em 1999, novamente, pela DeutschlandRadio, de Berlim, fez Brasil Universo em parceria com Hermeto Pascoal, com a coprodução da WDR. Assim também Regina Porto, produtora por 11 anos na Rádio Cultura FM de São Paulo e comissionada pela WDR, em 2002, produziu a peça *Metrópole – São Paulo*, um retrato acústico da cidade de São Paulo.[5]

Continua Lilian Zaremba:

---

[3] Do roteiro de Kalevalayana, documentário de rádio, de TeppoHauta-aho, Harri Huhtamäki, Pekka Lappi, Seppo Paakkunainen e Pekka Ruohoranta, Yle radio.

[4] Ver referência em http://www.abc.net.au/classic/daily/stories/s629927.htm (em 26 jun 2009)

[5] Janete El Haouli, Rádio Arte no Brasil 1. In: *Guia da Música*. Disponível em: <http://www.guiadamusica.org/conteudo/reflexoes/reflexoes.php?id_reflexao=3>. Acesso em: 25 jun. 2009.

Observamos a tendência um tanto recente em se incluir o rádio como arte em diferentes pontos: seja em centros como o Oi Futuro (no evento Oi da Rádio) ou em feiras e eventos como a Bienal do Mercosul, que em sua sétima edição no ano de 2009 reservou espaço para uma emissora radiofônica denominada Rádio Visual.

Segundo sua principal curadora, a artista plástica Lenora de Barros, esta emissora pretende ser "[...] experimental, se propondo ao desafio de excitar freqüências em formas abertas [...] irradiando novos sentidos e sonoridades".[6]

Outro gênero radiofônico que será disponibilizado – o radiodrama – é diferente do teatro adaptado para o rádio. Também foi desenvolvido entre 1957 e 1976 por Samuel Becket[7] e pela tradição alemã do *Neue Horspiel* e se trata de peças que integram palavras, sons, ruídos, música, numa narrativa específica para o rádio. Como coloca Maurício Klagel, compositor argentino radicado na Alemanha, e que dedicou várias obras ao gênero: "O Novo Hörspiel não é um gênero literário ou musical, mas meramente um gênero acústico de conteúdos indeterminados".

Consideramos importante, igualmente, disponibilizar, a produção musical brasileira menos fonografada industrialmente no País, como a que está coletada no site Sussurro – a Biblioteca Musical Digital do Laboratório de Música e Tecnologia (LaMuT) da Escola de Música da UFRJ[8]. São músicas "experimentais", "acusmáticas", mistas, "live", "auxiliadas-por-computador", algorítmicas, música-vídeo, multimídia, intermídia, músicas instrumentais com vetores experimentais, poesia, etc., como explica o cabeçalho do site. Coordenado pelo professor e compositor Rodolfo Caesar, Sussurro é a maior e mais original biblioteca musical com acesso livre (sonoro) no Brasil e disponibiliza textos, artigos, programas de rádio sobre a música concreta, acusmática e eletroacústica.

---

[6] Saiba mais no site da Bienal Mercosul. <www.bienalmercosul.art.br>.
[7] *Works for Radio*. The original BBC broadcasts now available. Disponível em: <http://www.bl.uk/news/2006/pressrelease20060413.html>. Acesso em: 18/08/2009.
[8] Disponível em: <http://sussurro.musica.ufrj.br/>.

Rodolfo Caesar, em entrevista ao autor, realizada em junho de 2009, relata:

> Acho que as músicas que estamos armazenando e veiculando no Sussurro representam, o mais das vezes, a música que um dia resolveu sair de seu berço – o rádio – para frequentar as salas de concerto, o que representou um custo e uma perda muito grande para essas músicas, chamadas eletroacústicas. Vou tentar explicar: em 1948, Pierre Schaeffer, na ex-ORTF [Office de Radiodiffusion et Télévision Française] inventou e radiodifundiu a *musique concrète*, origem de grande parte da produção exposta no Sussurro. Schaeffer era um homem tão interessante quanto contraditório. Sua *musique concrète* (MC) pretendia dar continuidade a uma "evolução da música", mas reagindo contra a vanguarda daquela época: o serialismo. Para entrar nesse combate mais frontalmente, Schaeffer empreendeu a perigosa manobra que talvez tenha custado tempo de vida de sua criação acusmática[9]: levou a MC para os salões de concerto. Ou seja, desdenhou da adequação entre o acusmatismo da MC e do veículo radiofônico – que lhe havia permitido ser escutado por milhares de pessoas, gratuitamente e sem queixumes – para se lançar no espaço novecentista da sala de concerto. [...] Na Alemanha, o estúdio na rádio de Colônia inventava a *elektronische Musik* (eM), com ainda maior empenho para o mergulho passadista, por atuar no refinamento do serialismo combatido por Schaeffer, uma discussão não do âmbito do rádio, mas no da música, mais propriamente de músicas fundamentadas em uma percepção hanslickiana, séc. XIX. Foi nesse terreno des-antenado que o estúdio de Paris e o de Colônia se combateram, tendo o de Paris perdido a luta exatamente por conta e no momento de ter aceito o desafio. Se Schaeffer pensasse a MC como algo a ser proposto sem

---

[9] "Acusmática" é uma denominação criada por Pierre Schaeffer (1988, p. 56), inspirada no conceito pitagórico dos acusmáticos, os discípulos que apenas ouvem o mestre sem vê-lo, nem podem fazer perguntas. Para a música/som que se ouve sem que se veja sua fonte de produção – músicos, instrumentos, etc... – como na música concreta, sempre apresentada a partir de uma gravação; ou a música ouvida no rádio.

diálogo com o "mundo da música", ela talvez ainda estivesse em 'nossos' rádios. Duvido que isso tivesse repercussão nas rádio brasileiras de então, vista a tradição de subserviência política de nossas emissoras [...]".

Então é com este material que pretendemos rechear nosso Radioforum. O grupo que está na origem do projeto, além de mim, Mauro Sá Rego Costa, inclui, Janete El Haouli (Universidade Estadual de Londrina), Lilian Zaremba, Rodolfo Caesar (Escola de Música/ UFRJ) e Julio de Paula (Rádio Cultura FM SP e Faculdades Cásper Libero). Na esteira da organização do fórum, foram convidados, e colaboram conosco Cecilia Conde, do Conservatório Brasileiro de Música, assim como os compositores Tato Taborda (*sound-design* Dança) e David Tygel (*sound-design* Cinema), por enquanto.

Referências

CAGE, John. *Silence. Lectures and writings by John Cage*. Middletown, CT: Wesleyan University Press, 1973.

CINEMA SOUNDS MAGAZINE, 1993. Trecho de uma conversa telefônica entre Wim Wenders, Bono e Brian Eno.

EL HAOULI, J. Rádio - Arte do espaço sonoro. Anais do XIII Encontro Nacional da Anppom, Belo Horizonte, p. 247-252, 2001.

EL HAOULI, Janete, "Rádio Arte no Brasil 1". Disponível em: <http://www.guiadamusica.org>.

FARABET, Réné. Realité/Fiction. In: *Bref Éloge du coup de tonnere et du bruit d'ailes*. Arles, Phonurgia Nova, 1994.

FOUCAULT, Michel. "Espaços Outros: Utopias e Heterotopias". *Outra – Revista de Criação*, v.1, n.1. p. 16-19, 1984.

GIL, José. *Movimento Total. O corpo e a dança*. Lisboa: Relógio d'Água, 2001.

GODARD, Jean-Luc. *Introdução a uma verdadeira história do cinema*. São Paulo: Martins Fontes, 1989.

LANDER, Dan. Radiodifusão: reflexões sobre o rádio e a arte. In: ZAREMBA, Lílian; BENTES, Ivana (Orgs.). *Rádio Nova, constelações da radiofonia contemporânea*. Rio de Janeiro, UFRJ, ECO, Publique, 1999.

KAHN, D.; WHITEHEAD, G. (Orgs.) *Wireless imagination, sound, radio, and the avant-garde.* MIT Press, Cambridge, London, 1992.

PORTO, Regina. A poética do som: utopia e constelações. *Polêmica* (Labore/UERJ) n.6, julho/agosto/setembro, 2002.

SCHAFER, M. *O ouvido pensante.* Trad. M. Fonterrada et al. Fundação Editora da UNESP, São Paulo, 1991.

SCHAEFFER, Pierre. *Tratado de los objetos musicales: ensayo interdisciplinar.* Madrid: Alianza, 1988. [versão abreviada].

WESTERKAMP, H. O Ambiente sonoro no rádio. In: ZAREMBA, Lílian; BENTES, Ivana (Orgs.) *Rádio nova, constelações da radiofonia contemporânea.* Rio de Janeiro, UFRJ, ECO, Publique, 1997.

Documentos

Roteiro de *Kalevalayana*, radio documentary, de TeppoHauta-aho, Harri Huhtamäki, Pekka Lappi, Seppo Paakkunainen e Pekka Ruohoranta, Yle radio.

Sites

http://www.guiademusica.org/conteudo/reflexoes/reflexoes.php?id_reflexao=

http://www.bienalmercosul.art.br

http://www.bl.uk/news/2006/pressrelease20060413.html

http://www.sussurro.musica.ufrj.br/

Rádio como política pública
Uma experiência paradigmática em educomunicação

Ismar de Oliveira Soares

O município de São Paulo dispõe de uma lei que estabelece a educomunicação como política pública a ser cumprida pelas secretarias de Educação, Cultura, Verde e Meio Ambiente, Saúde e Esporte. Tudo começou quando o rádio foi levado a 455 escolas do ensino fundamental através do Projeto Educom.rádio (Educomunicação pelas ondas do rádio), entre 2001 e 2004. O programa de formação chegou a mais de 10 mil membros das comunidades educativas, entre professores, alunos e auxiliares, ganhando significado quando trouxe para o espaço da Educação formal práticas nascidas no âmbito da sociedade civil em sua luta pela liberdade de expressão.

Desde o início do século XX, o rádio foi pensado como um instrumento capaz de promover uma verdadeira revolução no processo de ensino. Assim pensava Roquette-Pinto, um sonhador, que, ainda na década de 1920, imaginava poder, mediante esse recurso, democratizar definitivamente a Educação no Brasil. Já nos anos 1930, Anísio Teixeira propunha o rádio como um recurso indispensável para renovar as metodologias do ensino no país. Por sua vez, Paulo Freire, criador do Movimento de Educação de Base (MEB), transformou o rádio em recurso estratégico em seu projeto de alfabetização/conscientização de adultos, planejando a implantação de radiopostos nos estados do Norte e Nordeste do Brasil.

Nenhum desses pioneiros foi, contudo, tão a fundo no diálogo com o rádio quanto Mário Kaplún, comunicador argentino estabelecido no Uruguai e com longa passagem por toda a América Latina, sempre no combate à repressão e atento à utopia da liberdade de expressão como garantia de uma Educação libertadora.[1] Foi em sua contribuição que nos inspiramos para atender à demanda do poder público municipal.

Associamos o projeto Educomunicação pelas Ondas do Rádio à figura de Mario Kaplún justamente por entender que a experiência do Educom.rádio ganhou relevância por haver levado a todo um sistema de ensino um programa que se alicerçava na utopia defendida por ele no sentido de que cada professor fosse transformado num efetivo comunicador, na perspectiva dialógica freiriana. Acrescentamos a essa ideia formação conjunta e compartilhada do aluno. Para a educomunicação é a comunidade, como um todo, que deve experimentar a riqueza do exercício comunicativo aberto e democrático.

O Educom.rádio

Quanto, em 2006, tivemos a oportunidade de falar, na cidade de Lyon, França, dos resultados do projeto Educom.Rádio

---

[1] Tivemos a honra de prestar uma homenagem a Mario Kaplún, em julho de 1995, no Encuentro Internacional sobre la Educación a los Medios, que se realizava em La Coruña, Espanha, reunindo *media educators* da Europa, dos Estados Unidos e da América Latina, para discutir os paradigmas que aproximavam ou distanciavam, metodologicamente, a maneira como os educadores do Hemisfério Norte e seus colegas do Hemisfério Sul trabalhavam a relação Comunicação/Educação. Três anos depois, em 1998, recebíamos com efusão o mestre da "Comunicação Popular", no espaço do I International Congress on Communication and Education, que o Núcleo de Comunicação e Educação (NCE) da ECA/USP promovia, na unidade do SESC-Pompeia, em São Paulo, como parte de sua estratégia de buscar um diálogo amplo sobre a natureza da inter-relação Comunicação/Educação. Anos depois, em agosto de 2001, quando dávamos início a uma prática educomunicativa de grande fôlego, na cidade de São Paulo, lembramo-nos novamente de Kaplún, atribuindo seu nome a um dos polos que acabara de ser formado para reunir as unidades escolares que participariam do programa. Estávamos, então, no projeto Educom.rádio.

e exibir um documentário relatando a um grupo de especialistas em *Media Education*, histórias das crianças da periferia de São Paulo em sua relação com este veículo de comunicação, ouvimos de um dos presentes, de origem indiana, a expressão: "Isto não é sobre produção radiofônica, mas é uma revolução pelo rádio".

Estava correto o especialista da Índia. O mérito da revolução que de fato aconteceu não poderia, contudo, ser atribuído exclusivamente à linguagem radiofônica, mas também à proposta que lhe dera e continua dando suporte teórico e metodológico: o conceito da educomunicação.[2]

Foi o que já havia constatado a secretária de Educação do município de São Paulo, Maria Aparecida Perez, ao final do terceira das sete fases do Educom.rádio, em outubro de 2002,

---

[2] Foi a educomunicação que motivou muitos dos 1.700 participantes do Congresso Internacional de 1998. É o que relatou a educadora Cristine Félix, da ONG Auçuba, de Recife, numa troca de informações com os membros da Rede CEP – Comunicação, Educação e Participação, em 2007. São palavras dela: "Em 1998, uma comitiva de amigos saía de Recife para participar do I Congresso Internacional de Comunicação e Educação, na cidade de São Paulo. Era a primeira vez que um encontro com aquela dimensão, no Brasil, tratava de um tema tão comum ao que fazíamos pelas bandas de cá. Encaramos a disposição de levar cinco representantes da ONG Auçuba – Comunicação e Educação, como a oportunidade de sair do exílio e conhecer as práticas e tendências daquilo que ainda era tão novo, ou pouco discutido, sobretudo, em Pernambuco, essa tal de educomunicação. Lá nos afinamos com propostas, descobrimos muitos projetos afins e nos sentimos menos solitários. O encontro foi importante, para fazermos o que "engraçadamente" costumamos chamar aqui no nordeste de "dar nome aos bois". Ou seja, dar um nome para aquilo que fazemos. E foi nesse encontro que conhecemos trabalhos importantes que utilizavam as diversas linguagens da comunicação dentro de uma proposta pedagógica. Um deles, em especial, chamou nossa atenção. Era o Latanet, uma proposta da ONG Oficina de Imagens, de Belo Horizonte, que trabalhava com fotografia na perspectiva de formação de jovens. Conversamos e trocamos figurinhas. Havia neste grupo também algumas pessoas do Liceu Artes e Ofício, da Bahia. Tempos depois... setembro de 2004, um grupo composto de 14 instituições do Brasil discute sobre o surgimento de uma Rede de Experiências em Comunicação Educação e Participação, entre eles estão Auçuba e a Oficina de Imagens. Neste grupo de ONGs experientes, com trabalhos e metodologias consolidadas na área, a discussão é enriquecida pela figura do professor Ismar de Oliveira Soares, o mesmo que organizou o I Congresso Internacional de Comunicação e Educação. Lembram? A cidade é também São Paulo. E fica difícil não dizer seis anos depois: 'Alguma coisa acontece em meu coração...'".

quando anunciava haver identificado uma redução em 50% dos atos de violência nas escolas públicas do município.

Reduzir a violência havia sido a razão pela qual a Prefeitura de São Paulo havia solicitado a intervenção cultural do Núcleo de Comunicação e Educação da USP. Neste sentido, o curso foi assumido como um "projeto especial", à margem do currículo – portanto não permanente –, figurando como uma das ações do Projeto Vida. Era ministrado aos sábados, entre 8 e 17 horas, não oferecendo qualquer estímulo extra aos docentes além do certificado da USP. No entanto, no final do programa, no segundo semestre de 2004, a própria Secretaria decidiu transferir o Educom.rádio para a área nuclear do currículo escolar, sob a responsabilidade da Diretoria de Orientação Técnica (DOT), alegando que o rádio havia levado para as escolas um novo conceito de gestão das relações de comunicação entre os polos vivos do processo educacional (direção, docentes, estudantes, além da comunidade formada por pais e funcionários). No caso, além da competência comunicativa, propugnada por Kaplún, o projeto oferecia a melhoria de todo o ecossistema comunicativo das escolas, conceito-chave do paradigma educomunicativo.

Em dezembro de 2004, a Câmara Municipal de São Paulo tomou a iniciativa de aprovar um dispositivo legal voltado a garantir a aplicabilidade do conceito da educomunicação não apenas às ações da Secretaria de Educação, mas também a todos os espaços que se destinavam a prestar serviços à população. Nascia, assim, a Lei 13.941 ou, simplesmente, Lei Educom.[3]

---

[3] A lei foi sancionada pela prefeita Marta Suplicy, em dezembro de 2004, e regulamentada pelo prefeito José Serra, em agosto de 2005, estabelecendo a comunicação como objeto de política pública. Destina-se "a ampliar as habilidades e competências no uso das tecnologias, de forma a favorecer a expressão de todos os membros da comunidade escolar, incluindo dirigentes, coordenadores, professores, alunos, ex-alunos e demais membros da comunidade do entorno". Pela lei, os dirigentes e coordenadores de escolas e equipamentos de cultura do município, inclusive no âmbito das subprefeituras e demais secretarias e órgãos envolvidos, assim como professores, estudantes e demais membros da comunidade escolar, deverão ser capacitados em atividades de educomunicação. Para assegurar sua aplicação, a lei estabelece a constituição de um comitê gestor, composto por representantes das secretarias interessadas e da própria sociedade civil. O site da prefeitura reproduz o texto da lei.

Especificidade do curso

De forma resumida, o projeto Educom.rádio nasceu em 2001 de um contrato entre a Secretaria de Educação da Prefeitura de São Paulo e o NCE-USP, visando atender a um dos objetivos de governo na época, que era o de reduzir a violência nas unidades escolares e seu entorno. Para tanto, o NCE ofereceu um curso destinado a levar a linguagem radiofônica às escolas a partir da mediação de uma gestão colaborativa e democrática dos recursos da comunicação, envolvendo um total aproximado de 11 mil pessoas, entre professores, alunos e membros das comunidades educativas. Em termos práticos, o projeto destinou-se a introduzir a "prática educomunicativa" em 455 escolas do ensino fundamental, entre agosto de 2001 e dezembro de 2004. Cada escola tinha direito a matricular até 25 membros de sua comunidade (em geral: 12 professores, 10 alunos e 3 membros não docentes da escola).[4] Para tanto, os cursistas foram distribuídos em "polos",[5] reunindo, cada um, entre 60 e 120 participantes. Cada polo era designado pelo nome de seu

---

[4] O Educom.rádio ofereceu, em seu conjunto e ao longo 42 meses, um total de 840 palestras, 420 *workshops* e 840 práticas colaborativas de produção radiofônica. Por 840 vezes, a USP levou seus professores, especialistas de outras instituições e profissionais da mídia à periferia de São Paulo, para um diálogo sobre comunicação e os demais temas transversais contemplados nos Parâmetros Curriculares. Aos jovens, os palestrantes davam uma entrevista e, aos professores, ministravam uma aula. A dificuldade, para muitos dos palestrantes, era traduzir os conceitos numa linguagem adequada a seus vários públicos. Ao final, todos, professores e alunos, eram convidados a traduzir os temas debatidos em programas de rádio, parte dos quais foi digitalizado servindo como matéria prima para pesquisas de mestrado e doutorado. Uma aprendizagem que os docentes da USP não têm condições de esquecer, tanto que acabaram por criar, no início de 2009, uma licenciatura totalmente voltada para o campo da educomunicação.

[5] Na primeira fase do projeto (segundo semestre de 2001), trabalhou-se com cinco polos, reunindo 26 escolas, nos pontos cardeais da cidade. Entre a segunda e a quinta fases, o projeto funcionou com 13, com uma média entre 50 e 70 escolas atendidas em cada uma. Já na sexta fase, momento em que foram atendidas, simultaneamente, 136 escolas, foram formados 17 polos. Finalmente, na sétima e última fase do programa, foram criados 11 polos, atendendo a 74 escolas.

patrono, personagem vinculado à Educação ou à comunicação no Brasil ou no exterior.[6]

Em busca de um conceito articulador

Temos afirmado – e reiteramos aqui – que o que sustentou o projeto não foi exatamente o conceito de "tecnologia educativa" nem mesmo a usual metodologia das oficinas de produção midiática encontradas nos ambientes administradas pelo setor da cultura. O conceito que orientou o processo de formação da comunidade educativa era mais complexo e havia sido objeto de uma pesquisa acadêmica dois anos antes.

Foi entre 1997 e 1999, que o Núcleo de Comunicação e Educação da ECA/USP desenvolveu uma investigação acadêmica financiada pela FAPESP (Fundação de Amparo à Pesquisa do Estado de São Paulo) através da qual buscou saber como especialistas do Brasil e da América Latina entendiam a natureza da relação entre a comunicação e a Educação. Decidiu, para tanto, ouvir 26 personalidades do continente, entre os quais o próprio Kaplún. O procedimento foi adotado depois do exame de um questionário respondido por 178 produtores culturais, arte-educadores, tecnólogos, professores, pesquisadores e profissionais de comunicação e de Educação do Brasil e de 12 países latino-americanos.

---

[6] Os 17 patronos da sexta fase foram os seguintes: Polo 1: Paulo Freire – Subprefeitura: Ipiranga, Sé e Jabaquara; Polo 2: Mário Lago – Subprefeitura: Santana e Tucuruvi; Polo 3: Ari Barroso – Subprefeitura: Freguesia do Ó, Casa Verde, Brasilandia e Cachoeirinha; Polo 4: Mariazinha Fusari – Subprefeitura: Pirituba; Polo 5: Landell de Moura – Subprefeitura: Campo Limpo; Polo 6: Janusz Korczac – Subprefeitura: Santo Amaro; Polo 7: Darcy Ribeiro – Subprefeitura: Mooca e Aricanduva; Polo 8: Mario Kaplún – Subprefeitura: Vila Prudente e Sapopemba; Polo 9: Nise da Silveira – Subprefeitura: Ermelino Matarazzo e Penha; Polo 10: Celestin Freinet – Subprefeitura: São Miguel Paulista; Polo 11: Roquette-Pinto – Subprefeitura: Guaianazes e Itaim Paulista; Polo 12: Monteiro Lobato – Subprefeitura: Butantã; Polo 13: Carlos Leôncio da Silva – Subprefeitura: São Mateus; Polo 14: Gisela S. Ortriwano – Subprefeitura: Perus; Polo 15: Anísio Teixeira – Subprefeitura: M'Boi Mirim; Polo 16: Cásper Líbero – Subprefeitura: Capela do Socorro; Polo 17: Vicente Leporace – Subprefeitura: Jaçanã e Tremembé.

O que se descobriu com a pesquisa foi que a inter-relação entre a Comunicação Social e a Educação havia alcançado densidade própria, superando a fragmentação de ações ora denominadas, no âmbito da Educação, como "Educação para os meios" ou "tecnologia educacional", ou, ainda, no âmbito da comunicação, como "comunicação educativa", afigurando-se, ao contrário, como uma área específica de intervenção social, essencialmente interdisciplinar.

Para designar essa realidade, os pesquisadores escolheram o neologismo "educomunicação" já usado em textos da UNESCO como sinônimo de "Educação para os meios" ou "leitura crítica da comunicação". O termo foi ressemantizado para designar a radical transversalidade da comunicação nos processos educativos não formais levados a cabo, há pelo menos 50 anos, por inúmeros centros de comunicação e documentação popular, por organizações não governamentais voltadas para a comunicação alternativa, bem como por indivíduos engajados em programas de comunicação participativa em toda a América Latina e alhures.

O conceito espelhava-se, pois, em experiências inovadoras porque marcadas politicamente pela determinação de grupos organizados da sociedade no sentido de fortalecer sua própria voz, assessorando, por outro lado, a população para que assim procedesse, fazendo frente aos regimes autoritários que se espalhavam pelo continente. Esperava-se implementar, desse modo, especialmente no âmbito da Educação não formal, a proposta freiriana de transformar toda a Educação em prática de convivência dialógica permanente.

Ao seu final, a investigação concluía que efetivamente um novo campo interdisciplinar e interdiscursivo de saber e de prática social mostrava indícios de sua existência, não apenas aproximando a Comunicação e a Educação, mas, sobretudo contextualizando suas interfaces em processos politicamente marcados pela busca da reforma da sociedade pela força da expressão dos sujeitos sociais.

Ao reconhecer para a educomunicação o *status* de campo emergente de conhecimento, a pesquisa partia da evidência de que transformações profundas vinham ocorrendo no campo da constituição das ciências, em especial as humanas, levando a uma derrubada de fronteiras, de limites, de autonomias e de especificidades. Nesse sentido, a educomunicação se afigurava como a resposta dialética ainda não possibilitada pelos tradicionais campos da Educação e da Comunicação, hegemonicamente pautados pelos parâmetros do Iluminismo e do Funcionalismo.

Diálogo educativo e autonomia do sujeito comunicador

Ao afirmar não ter sido o conceito da "tecnologia educativa", extraído do âmbito da didática, a sustentação teórica do Educom.rádio, mas sim uma nova visão de prática social na interface Comunicação/Educação, estamos apontando para uma conexão programática entre a proposta educomunicativa e os estudos sobre a cultura, numa perspectiva da utopia da dialogicidade, como princípio e como método.[7] Entender a cultura em seu contexto e a mídia em sua relação com a vida cotidiana de seus usuários passa a ser fundamental para o sucesso do projeto, criando as condições para o "empoderamento" comunicativo.

Nesse sentido, o curso casava a discussão sobre a prática da linguagem radiofônica com o estudo dos temas transversais previstos nos Parâmetros Curriculares para o ensino fundamental. A síntese dialética era buscada na produção radiofônica sobre os referidos temas transversais, elaborada pela comunidade (professores, alunos e membros da comunidade), em igualdade

---

[7] Fundamentos teóricos para o novo campo podem ser obtidos com os autores que trabalham o tema da teoria política, da comunicação popular e alternativa, dos estudos culturais, da pós-modernidade, dos estudos da linguagem, da teoria da complexidade, da filosofia da Educação (com destaque para as correntes que sustentam a pedagogia construtivista e a Educação dialógica), entre outros.

de condições, nas práticas oferecidas pelas oficinas previstas no cronograma do curso.

Os temas transversais, identificados por áreas de conteúdo ("meio ambiente", "políticas de comunicação', "comunicação e saúde", "multiculturalismo", "subjetividade") e apresentados através de palestras (aos professores) e de entrevistas (especialmente às crianças), traduziram a preocupação da coordenação do projeto em amarrar as pautas das produções ao núcleo diversificado do currículo.

No caso, o Educom.rádio não escondia que visava intervir na vida escolar, na didática dos professores, no tratamento de conteúdos e na gestão das relações entre os "polos vivos" da vida escolar, reforçando a importância da produção colaborativa (professores/alunos/comunidade).

A proposta da produção colaborativa envolvendo democraticamente educadores e educandos, em si, não é nova, pois faz parte da prática de inúmeras organizações não governamentais em várias cidades da América Latina, que costumam trabalhar em círculos pequenos, com reduzido número de participantes. A novidade foi a ousadia de levar a experiência para uma rede formal de ensino, regida por normas que atravessam gerações de educadores e que garantem a tradicional verticalidade do processo de ensino.

O tema da gestão compartilhada da produção radiofônica, proposta nos exercícios realizados durante o curso, inspirava-se, como já anunciamos, nas experiências de Educação popular dos anos 1960 e 1970. Legitimava-se, contudo, na contemporaneidade, como uma aplicação de conceitos vigentes na esfera dos Estudos Culturais, entre os quais o princípio segundo o qual os receptores da mídia, além de "sujeitos ativos", com capacidade de ressemantizar as mensagens recebidas, são também capazes de produzir suas mensagens e participar do esforço coletivo da democratização a cultura.

Desta forma, a educomunicação levada à rede municipal de São Paulo era fruto de uma prática social com com pretensão de adentrar os muros da escola defendendo a autonomia do sujeito comunicador, fosse esse o professor ou o próprio aluno, desde que em processo de negociação de sentidos e práticas midiáticas.

Deslocando o eixo do mercado para a cidadania

Nascida na prática social, a educomunicação só tardiamente foi reconhecida pela academia.[8] É interessante notar, contudo, que o interesse pelo tema, demonstrado pelos pesquisadores acadêmicos, foi similar ao manifesto de organizações responsáveis por acompanhar o desenvolvimento de processos educativos em nível internacional, como a UNESCO e a Unicef.

Em 2001, ano em que o Educom.rádio dava seus primeiros passos, a UNESCO lançava, por exemplo, uma coletânea de artigos, fruto de pesquisas internacionais, propondo a participação da criança no mundo midiático. (VON FEILITZEN; BUCHT, 2002). A Unicef, por sua vez, solicitava ao jornalista Fernando Rossetti um estudo sobre a prática educomunicativa como política pública. Concluído em 2004, ano que o Educom.rádio chegava ao final de seu trabalho formativo, o texto de Rossetti representou uma primeira sistematização do trabalho desenvolvido por organizações que tinham como meta introduzir o conceito de participação na relação entre os educandos, de um lado, e a mídia, de outro (ROSSETTI, 2004). Passados quatro anos, as próprias organizações pesquisadas pela Unicef – agora

---

[8] Nos anos subsequentes à pesquisa, verificou-se, na verdade, significativo aumento de interesse pelo campo, que passou a ser objeto de aproximadamente 80 trabalhos entre dissertações e teses de doutoramento, apenas na ECA/USP (sete delas expressamente sobre os projetos do NCE). Ampliaram-se também os cursos de extensão e aperfeiçoamento para atender à demanda por formação em serviço de educadores e de comunicadores. Desde os inícios da presente década, a educomunicação é linha de pesquisa no programa de pós da ECA/USP. Em fevereiro de 2009, a Comissão de Graduação da USP aprovou a criação de uma licenciatura em Educomunicação, reconhecendo o exercício profissional de um educomunicador.

conformando a Rede Comunicação, Educação e Participação (CEP)[9] – decidiram narrar, elas próprias, suas práticas, a partir do conceito da educomunicação.[10]

Em todas as narrativas do livro da Rede CEP ficou evidente uma premissa: o marco referencial no tratamento da mídia havia migrado do mercado para a cidadania. Eram as ONGs, no caminho do movimento social iniciado nas décadas de 1960 a 1970, reforçando uma proposta alternativa para o projeto comunicativo no espaço da Educação. Proposta que, por não ser previsível, necessitava ser planejada.

Planejando o projeto educomunicativo nas escolas

Cada uma das sete fases do Educom.rádio, composta por 12 encontros de oito horas cada um, realizados sempre aos sábados, chegava ao seu final propondo aos professores, alunos e membros das comunidades que, juntos, elaborassem um plano de ação para introduzir a Educomunicação em seus espaços educativos, traçando o perfil do "ecossistema comunicativo" que gostariam de ajudar a construir em seu espaço de convivência.

O planejamento era, na verdade, pensado desde o início do programa. É do polo 8 – o mesmo que levava o nome de Mario Kaplún – que vem a crônica da articuladora[11] jornalista

---

[9] http://www.redecep.org.br
[10] Documento disponível em: < http://www.redecep.org.br/midia_educacao.php>. Acesso em: 28/03/2009.
[11] Cada polo era coordenado por um "articulador", função exercida por pessoa experiente, geralmente cursando pós-graduação na ECA ou em outra instituição de ensino superior. Seu trabalho era manter o diálogo do projeto com os coordenadores de Educação da região, assim como com o diretor da escola ou gestor do CEU onde se localizava o polo. Era sua responsabilidade desenvolver toda a coordenação acadêmica, mantendo a coesão da equipe e a coerência de sua ação com os princípios da educomunicação. Para os trabalhos mais burocráticos e ad-

Cláudia Ribeiro Silva, documentando que já no segundo dos 12 encontros previstos havia uma preocupação em como levar o Educom para as escolas:

> A equipe precisou de mais tempo para as explanações sobre o Projeto Educomunicativo e para traçar o Ecossistema Comunicativo das escolas. E o tempo foi conseguido justamente porque o equipamento solicitado para a exibição dos programas de rádio havia desaparecido... No caso, a flexibilidade da equipe em se adaptar às circunstâncias garantia o desempenho do processo formativo.

E prosseguia, explicando a metodologia utilizada para se formularem os planos:

> Não havia, na verdade, receitas de procedimento, mas sim um roteiro anteriormente discutido entre os articuladores e mediadores, permitindo que o trabalho fosse feito em etapas: adolescentes e adultos trabalhavam, primeiro, separadamente, para unirem-se, ao final, acertando os propósitos e os procedimentos que seriam, finalmente, socializados com todo o grupo. Isso acontecia entre o nono e o 12º encontros, quando professores e alunos já estavam acostumados a trabalhar de forma colaborativa na produção dos programas de rádio. Em alguns casos, os projetos eram implantados antes mesmo da conclusão do curso, integrando ao cotidiano escolar não apenas o rádio, mas igualmente a outras mídias, como o vídeo e a internet, como ocorreu com a Escola Municipal João de Deus.[12]

---

ministrativos, contava com a colaboração de um "assistente de direção". Já para o trabalho com os estudantes, o polo dispunha dos "mediadores", jovens profissionais das mais diversas áreas do saber ou estudantes em nível de graduação. No caso do polo Mário Kaplún, Cláudia contava com sete mediadores. Ao todo, mais de 800 especialistas prestaram algum tipo de serviço no Educom.rádio.

[12] Notícia publicada no site do Educom em 30/11/2004 informou que: "alunos da EMEF João de Deus criam blog na Internet. Alunos da Escola Municipal João de Deus, que participam da sétima fase do Educom.rádio, se anteciparam ao final do projeto, que acontece no próximo sábado, dia 4 de dezembro, e já desenvolveram um meio de comunicação para interagir entre os colegas de escola. Eles lançaram um blog na internet, com participação ativa da comunidade. Os estudantes fazem

O tema do planejamento passou a ser o mais delicado dentro os tantos referentes à implantação da educomunicação nas escolas,[13] levando em conta que nas unidades já não era possível reproduzir o contexto em que a prática se dava ao longo do curso. Inseridos no cotidiano da escola, nem sempre professores e alunos encontravam condições ou estímulos para reproduzir o exercício dialógico requerido. Sem contar a resistência que a proposta acabava por provocar nos que não haviam tomado parte na formação oferecida pelo NCE.

Passados cinco anos do encerramento do processo formativo, a pergunta que vem de forma natural é: conseguiu o Educom. rádio superar os obstáculos e transformar-se efetivamente em política pública?

A pergunta necessita ser respondida pela própria Secretaria de Educação do Município de São Paulo e, mais independentemente, pelos próprios professores e estudantes da rede municipal de ensino. Como não poderia deixar de ser, o tema tem sido foco de pesquisas no programa de pós-graduação da ECA/USP e seus resultados scrão divulgados em breve. Enquanto não se tem respostas circunstanciadas é interessante acompanhar o desempenho de professores e alunos em coberturas jornalísticas de eventos nacionais e internacionais realizados sob a coordenação do programa *Nas Ondas do Rádio*

---

planos para ampliar o uso dos meios de comunicação. No blog, comentam sobre a rádio na escola e sobre a criação de jornais (mural, impresso e virtual). Além disso, ainda apresentam propostas sobre como montar e produzir esses meios. O endereço para acesso ao blog é: <http://jdradio.bigblogger.com.br>".

[13] Outro tema delicado foi o acesso aos equipamentos. As escolas formadas em 2004 (200 entre as 455) – e que certamente receberam um tratamento diferenciado levando em conta a experiência já adquirida pela equipe de formadores – foram justamente aquelas que acabaram por não receber o kit de rádio, por um alegado problema nas licitações dos aparelhos. Apesar do direito às máquinas previsto no contrato que estabeleceu o projeto, a nova administração, iniciada em janeiro de 2005, decidiu não adquirir nenhum equipamento novo, solicitando às escolas que por ventura não estivessem usando os seus que os repassassem às escolas interessadas. Nenhum diretor se dispôs a atender ao apelo do prefeito Serra. A opção – mais do que acertada – da coordenação do projeto depois de 2005 foi associar-se à área da informática educativa.

que a mesma prefeitura mantém. Ao leitor interessado, passo a fonte para uma verificação pessoal.[14]

Conclusão

Acreditamos ter demonstrado que o Educom.rádio em São Paulo, a partir de 2001, e, na sequência, entre 2005 e 2006, o Educomradio.centro-oeste, em escolas do ensino médio da região Centro-Oeste do Brasil – incluindo aldeias indígenas e comunidades quilombolas – reafirmam que a utopia de uma nova comunicação pedagógica já pode se transformar em realidade para milhares de comunidades educativas em várias partes do Brasil, revalidando o sonho de Mario Kaplún e as conclusões da pesquisa de 1997-1999, promovida pelo NCE/USP.

É por isso que a USP vê no programa da Escola Integral do MEC um espaço em que a educomunicação certamente poderia vir a cumprir um papel estratégico fundamental. Mas esse é assunto para outro texto.

Referências

KAPLUN, Mario. *El comunicador popular*. Buenos Aires: Lumen Humanitas, 1996.

KAPLUN, Mario. *Una pedagogía de la comunicación*. Madrid: Ediciones de la Torre, 1998.

REDE CEP. *Educomunicar: Comunicação, Educação e Participação no desenvolvimento de uma Educação pública de qualidade*. Disponível em: <http://www.redecep.org.br/midia_educacao.php>.

ROSSETTI, Fernando. Projetos de Educação, Comunicação & Participação - Perspectivas para Políticas Públicas, UNICEF, 2004. Disponível em: <http://rossetti.sites.uol.com.br>.

---

[14] Informações atualizadas sobre a política da Prefeitura de São Paulo no campo da educomunicação encontram-se no site da municipalidade: <http://educacao.prefeitura.sp.gov.br>.

SOARES, Ismar de Oliveira. Gestão da Comunicação no espaço educativo: possibilidades e limites de um novo campo profissional. In: BACCEGA, M. A. *Gestão de processos comunicacionais*. São Paulo: Atlas, 2002.

SOARES, Ismar de Oliveira. A ECA/USP e a Educomunicação: a consolidação de um conceito, em dezoito anos de trabalho. In: *Revista Comunicação & Educação*, São Paulo, ECA/USP - Paulinas, ano XIII, n. 2, mai./ago. 2007, p. 39-52.

SOARES, Ismar de Oliveira. Quando o Educador do Ano é um educomunicador: o papel da USP na legitimação do conceito. In: *Revista Comunicação & Educação*, São Paulo, ECA/USP - Paulinas, ano XIII, n. 3, out.-dez. 2008, p. 39-52.

SOARES, Ismar de Oliveira. El derecho a la pantalla: de la educación a los medios a la educomunicación en Brasil. In: *Comunicar*. Huelva, Espanha, 30, XV, 2008, p. 87-92.

VON FEILITZEN, Cecília; BUCHT, Catharina. *Perspectiva sobre a criança e a mídia*. Brasília: Unesco/Ministério da Justiça, 2002.

O rádio dos meninos

Fábio Martins

A presença do Rádio Educativo no Brasil, evoca a figura de Roquette-Pinto. Nascido no Rio de Janeiro em 1884, faleceu em 1954. Estudou medicina, formando-se em 1908. Participou, logo depois de formado, de um congresso internacional sobre raças. Defensor da igualdade entre os homens e crítico da discriminação racial, Roquette lançou o Movimento Brasileiro contra o Racismo. Em 1912 partiu, em companhia de Rondon, para os sertões do oeste brasileiro, onde seria um dos primeiros homens a contatar os índios Nambikuáras. (DUARTE, 2008, p. 71). Preocupado com a Educação dos brasileiros, publicou revistas, foi diretor do Museu Nacional do Rio de Janeiro, produziu filmes educativos e escreveu livros, sendo um dos pioneiros na radiodifusão no Brasil.

Desde 1920, Roquette-Pinto apaixonou-se pelo veículo. Em setembro de 1922, quando o rádio surgiu no Centenário da Independência do Brasil, ele passou a aprofundar seus estudos, obtendo uma pequena fonte de ondas contínuas em laboratório. Ao conseguir montar seu primeiro equipamento, fundou a Rádio Sociedade do Rio de Janeiro. Constatou que "aquela caranguejola, feita com bambu, alguns metros de fios de cobre, uma bobina de papelão e um fone de aparelho comum, funcionava maravilhosamente" (GOUVÊA FILHO, 1955, p. 31-57). Muitos intelectuais, como Teixeira de Freitas e Anísio Teixeira, apoiaram suas iniciativas sobre o rádio. Em 1930, Roquette-Pinto fundou a PRD-5, rádio escola instalada no Instituto de Educação, no Rio de Janeiro. Nos seus programas, os ouvintes captavam instruções sobre a possibilidade de "receberem, pelo correio, informações a respeito dos programas, cursos e palestras que a rádio escola levava ao ar".

A Revista Nacional de Educação, cujo editor era Roquette-Pinto, transcrevia a programação radiofônica e o especial para criança, chamado *Tapete Mágico*, que convidava os pequenos ouvintes a viajar por um tapete voador, que passava por cima de todos os países e além de todas as coisas, sem registrar distâncias (LABARTHE, 1934, p. 55). As viagens poderiam ser encomendadas pelo telefone da PRD-5, ou por carta. Segundo Duarte (2008, p. 71-72), Roquette-Pinto, que amargara as dificuldades da transposição das distâncias durante sua participação numa das excursões de Rondon, descobrira que o rádio era um meio excelente para realização de seus projetos de divulgação do saber.

O educador ressalta sempre os efeitos multiplicadores de cada receptor: em 1920 o Brasil tem em funcionamento cerca de 30 mil aparelhos de rádio. Se cada receptor fosse ouvido por seis pessoas, os programas, as palestras, conferências ou execuções musicais atingiriam 150 mil brasileiros. O rádio poderia ser um veículo de transformação social para centenas de pessoas que iriam se beneficiar com suas emissões. Roquette-Pinto acreditava no poder do rádio como veículo capaz de provocar mudanças na mentalidade popular. Duarte (2008, p. 75) lembra que "nos municípios, os juízes, médicos, professores, literatos, promotores e até mesmo músicos da igreja e as moças do coral poderiam ser mobilizados para participarem dos programas, partilhando o que sabiam". A experiência singular de Roquette-Pinto articulava dois campos do saber: comunicação e seu corolário educomunicação, ou educomídia, o que se verá mais adiante.

Antes de Roquette-Pinto, o padre Landell Moura, antecedendo Guglielmo Marconi, fez a primeira transmissão experimental de voz sem fio na Avenida Paulista, cujos sinais foram captados no bairro Santana. Landell foi acusado de maluco e bruxo por falar com vozes do além – o rádio – e não teve seu invento reconhecido. Muitos anos se passaram até que a experiência radiofônica se institucionalizasse. Somente em 1922, na inauguração da Exposição do Centenário da Independência, no Rio, o rádio teve sua primeira transmissão oficial. E lá estava presente Roquette-Pinto.

Outras experiências utilizando o rádio no campo da Educação realizaram-se através dos tempos. Em 1923 foi fundada a Rádio Sociedade do Rio de Janeiro, cedida ao Ministério da Educação 13 anos depois. Criou-se em 1937 o serviço de Radiodifusão Educativa. Em 1959 foram dadas, em Natal (RN) as primeiras aulas radiofônicas. Na década de 1950 surgiu o Movimento de Educação de Base (MEB) que, através de contrato entre o Ministério da Educação e Cultura (MEC) e a Confederação Nacional dos Bispos do Brasil (CNBB), expandiu o sistema de 11 escolas radiofônicas aos estados nordestinos.[1]

Em 1970 as emissoras comerciais de rádio foram obrigadas, pelo governo político-militar, a transmitir cursos gratuitamente através do Projeto Minerva: cinco horas semanais – 30 minutos diários – de segunda a sexta-feira – e 75 minutos aos sábados e domingos. O nome do programa é o mesmo da deusa grega da sabedoria.

Tal projeto enfatizava a Educação de adultos, desdobrando-se em ampla programação que visava atingir todo o Brasil. O Projeto Minerva foi um laboratório de experimentação para avaliar as possibilidades do rádio como suporte educativo. Todavia, o contexto brasileiro favoreceu o uso do veículo para uma ação educativa massificadora sem levar em conta as condições sociais, políticas e culturais do País, e as questões apresentadas pela Educação escolar.

---

[1] Mais informações nos dois primeiros capítulos do livro e no endereço: <http://www.eps.vbsc.br/tecmc/bahia/grupos/site/pag6.htm>.

Liberada a propaganda no rádio em 1930, o veículo ganhou impulso com os avanços tecnológicos e um emergente mercado publicitário no País. Nas décadas de 1940 e 1950, viveu sua época de ouro.

Em 1961 as emissoras FM iniciaram a transmissão em estéreo e nos anos 70 começou a segmentação da FM, visando atingir categorias sociais distintas. Em 1980 os equipamentos voltaram-se para a informática e em 1990 novos avanços tecnológicos introduziram, na produção radiofônica, o *mini-disc*, a primeira mídia não linear. A seguir o computador integrou-se à rotina das emissoras, e os estúdios interligaram-se às redes informatizadas. A introdução da informática nos processos radiofônicos aperfeiçoou a qualidade técnica dos programas, das propagandas e da publicidade (RIBAS, 2005, p. 53). Nesse contexto abriram-se novas e amplas possibilidades para o uso educativo do rádio.

Em Belo Horizonte, uma experiência de rádio educativa foi implementada pelo Departamento de Comunicação Social da Universidade Federal de Minas Gerais (UFMG). Em 2003 criou-se um laboratório de Produção de Rádio Educativo para alunos da Escola Municipal Glória Marques Diniz, localizada no bairro Nacional Bom Jesus, na cidade de Contagem-MG. Durante três anos, essa prática em ensino do rádio, proporcionou aos alunos da Escola a expansão de sua personalidade, riqueza nas interações e maior interesse pelo estudo, uma vez que os programas produzidos pelos estudantes utilizavam o conteúdo dos currículos escolares e abordavam também temas sugestivos para a comunidade escolar de acordo com indicações do plano didático pedagógico.[2] Utilizar o rádio como auxiliar do processo educativo através de atividades programadas é o objetivo da proposta. Assim, descortinam-se possibilidades de transformação sociocomunitária.

---

[2] Mais informações podem ser encontradas no endereço: <http://www.eps.vbsc.br/tecmc/bahia/grupos/site/pag6.htm>.

Já não é possível ignorar a presença dos meios de comunicação na vida dos alunos. Trata-se de uma realidade para a qual a escola começa a despertar. A sociedade moderna habituou-se a obter informações através da televisão, do rádio, do jornal ou da internet, muito mais do que pelos livros (LACERDA, 2006, p. 64-65).

Além disso, os meios de comunicação ao atingirem setores populares podem desempenhar papel educativo e transformador. A escola confirma este pressuposto, reconhecendo mudanças nos padrões da vida cotidiana, na reestruturação do trabalho, do lazer e na forma de se obter informação. Vale lembrar que

> [...] os produtos mediáticos dos grandes conglomerados trazem interesses divergentes; não são simples entretenimento, mas transmitem mensagens ideológicas, que devem ser analisadas e contextualizadas. É necessário criar programações que discutam os meios de comunicação e transmitam informações que busquem referência na própria comunidade (MAGALHÃES; LACERDA, 2006, p. 63).

No contexto de uma sociedade mais que midiada, mediada predominantemente pelas tecnologias de comunicação, entende-se que o rádio pode ser responsável por transformações no ensino. O intercâmbio com o receptor e a transmissão de informações poderão tornar o rádio um sistema abrangente de canais e um aparato de comunicação educativa propiciadora de mudanças.

O dramaturgo e poeta Bertold Brecht salientava o potencial do rádio como forma de incluir todos os membros de um grupo social, mesmo em uma sociedade capitalista, baseada na alienação e no isolamento. Brecht e, também, Walter Benjamim acreditavam que a velha mídia, os livros, era responsável pela atitude passiva dos receptores. Já as novas mídias poderiam oferecer aos receptores um novo tratamento, considerando-os como iguais. Ao focalizar o rádio como instrumento auxiliar no processo educativo, os dois autores já ressaltavam sua importância na sociedade. Brecht apontava que o rádio não podia permanecer como uma possibilidade apenas. Hoje essa proposta tem seu alcance e materialidade: educar através do rádio, aprendendo a fazer rádio, é o que se deseja.

Marciel Consani (2007, p. 12-15) lembra que o ensino do rádio não é apenas um complemento do plano pedagógico da escola, mas interface de uma Educação para a prática democrática e universal. O que é um fazer educativo? É agir através da comunicação. Para tal é necessário que o educador se aproprie de conceitos da ação comunicativa e de outras linguagens além da radiofônica, em toda a sua potencialidade. O que se pretende é transgredir a ordem dos conceitos tradicionais de pedagogia e comunicação, e a esse processo Consani dá o nome de "educomunicação".

Educomunicação não seria atrelar os recursos comunicacionais ao projeto pedagógico da escola. Também não significaria abarcar a função da escola, transformando professores em comunicadores. Como educomunicação, existem várias palavras que estão sendo utilizadas: educomunicativo e educomunicado. Esses termos definem, muitas vezes, objetos de estudos diferenciados. Para Consani, a palavra educomunicação qualifica-se como um campo emergente e diferenciado, ainda em construção, que não pode ser explicado de todo e não pode ser absorvido nem pela comunicação nem pela pedagogia ou pela educação. O que se propõe é o reconhecimento de que mudanças espontâneas ou sistemáticas estão afetando o paradigma educacional instituído até hoje, para o qual educomunicação não é apenas uma questão semântica. Na verdade, existe uma tríade (conteúdos, habilidades, atitudes) que está sendo sustentada pela mídia e por mediações que se estabelecem através de recursos, ambiente e ações, que ultrapassam fazeres estruturados.

Em uma perspectiva semelhante, Marques de Melo e Sandra Tosta (2008) propõem a noção de educomídia, como capaz de expressar a convergência possível e necessária entre os campos da Comunicação e da Educação, sem que nenhum deles esteja submisso ao outro. Ao contrário, reconhecendo as especificidades epistemológicas de cada um desses campos de conhecimento, pensar em educomídia é reconhecer que vivemos em uma sociedade profundamente simbólica, território onde a cultura da mídia se enraíza e adquire significado. É nesse território que a Educação e a escola como fatos da cultura, adquirem materialidade e atuam.

Uma experiência avançada de Educação pelo rádio foi realizada pelo professor Wemerson de Amorim, da Faculdade de Educação da UFMG, ao lançar, na Rádio Favela,[3] o programa *Favela em Sintonia com a Educação*. O programa tinha esse título, mas tratava a Educação num sentido mais amplo. Não se restringia ao ambiente escolar, mas "atingia a cultura em sua diversidade", como relata Wemerson em seu depoimento (AMORIM, 2005, p. 55-58). Wemerson e Tarcísio Mauro Vago coordenavam e faziam o programa junto com uma equipe formada ao longo do tempo. Integrantes da comunidade, dos meios acadêmico e artístico, todos participavam da experiência inovadora. Houve um momento em que o projeto envolveu a participação de 60 pessoas. Encerrada a etapa do programa na Rádio Favela, Wemerson permaneceu atuando em rádios comunitárias e participando voluntariamente da Associação Brasileira de Rádio Difusão Comunitária (ABRAÇO). Seu trabalho produziu um resultado singular: a Rádio FAE. Em 2001 durante a greve das universidades federais, a Rádio União, comunitária, instalou-se, por uma semana, no campus da UFMG. Wemerson Amorim em contato com a emissora, teve aguçado seu desejo de fundar uma rádio. Conseguiu com a ajuda de um grupo de alunos, colocar no ar uma rádio via internet: a Rádio FAE, que funcionou utilizando-se de dois computadores. A intenção, diz Wemerson,

> [...] foi construir uma porosidade para uma ação dialógica entre os movimentos sociais e a universidade. O desejo é que o conhecimento produzido na universidade seja democratizado e socializado e que a produção dos movimentos

---

[3] O capítulo seguinte desse livro trata também da Rádio Favela, através da análise de uma experiência de divulgação científica.

sociais e dos diferentes setores seja acolhida por nós, dando voz, ampliando-os e articulando-os no âmbito nacional e internacional. [...] a rádio FAE, em sua fundação, permaneceu a serviço dos professores e funcionários em greve. Os diferentes setores da instituição têm apoiado nossas ações (AMORIM, 2005, p. 55-58).

A ação era compartilhada e coletiva e visava "levar para esses setores o rádio, como ferramenta de comunicação, de democratização, de diálogo com o Estado, com a sociedade". Segundo Amorim (2005, p. 58-59), "esse tipo de socialização permite que pessoas que já utilizam o recurso do rádio, criem novas possibilidades. Com isso, conseguiremos avançar na questão da cidadania".

A volta das ondas educativas

O Projeto de Extensão de Rádio Educativo da UFMG foi desenvolvido entre os anos de 2003 e 2005 na Escola Municipal Glória Marques Diniz, na cidade de Contagem, MG. Em 2007, a Secretaria de Estado de Educação de Minas, através do secretário adjunto de Educação João Antônio Filocre Saraiva e da secretária de Tecnologia Sônia Audere, decidiu aplicá-lo em 14 escolas integradas ao Projeto de Educação Afetivo Sexual (PEAS). Para tanto, na Escola Estadual Nossa Senhora do Belo Ramo, no bairro Nova Granada, em Belo Horizonte, foi instalado um estúdio piloto onde grupos de dez alunos de cada escola selecionada participava de aulas de rádio educativo durante 20 dias letivos. Quando retornavam à escola de origem, acompanhados da supervisora, ensinavam, a outros colegas o que aprenderam, com auxílio de monitores. A supervisora, que também fez o curso de rádio educativo na escola piloto, devidamente instrumetalizada, acompanhava o desenrolar do processo educomunicativo. Nas escolas do projeto também eram montados estúdios para que se desse sequência ao efeito multiplicador do ensino radiofônico, atingindo todos os alunos da escola. O rodízio de ensino/aprendizagem de rádio tinha sua matriz na escola piloto até alcançar as 14 escolas PEAS. Mas o que aprendiam os alunos? Aprendiam a fazer rádio. Nos programas, criam novos interesses, desviando a atenção no de possíveis práticas marginais de violência. Na comunidade escolar dá-se entre os alunos a expansão de suas personalidades, a melhoria de suas relações interpessoais, o maior interesse pelo estudo, pois os programas apoiam-se em conteúdos curriculares. Os programas também despertam nos estudantes o desejo de se tornarem sujeitos de mudanças sociais.

A produção radiofônica amplia os conhecimentos acerca da linguagem. Com a presença de três professores e de duas estagiárias bolsistas da UFMG, a equipe de rádio educativo realizava, através da Pró-Reitoria de Extensão (PROEX), um trabalho pioneiro em Educação pelo rádio. O rádio como uma nova dimensão de aprendizagem permite a construção do conhecimento, podendo provocar mudanças no paradigma educacional no País e no mundo. É o rádio, na era da escola virtual, levando o ensino até os alunos, através da tecnologia da informação e da comunicação, como uma estratégia de intercâmbio, na qual a informação chega ao educando interessado a qualquer hora e em qualquer lugar. O rádio é um dos mais importantes meios de transformação social, capaz de influenciar distintos segmentos da vida humana, implementado no ensino a distância e/ou presencial como desafio educativo. Essa é a base desse novo paradigma que poderá transformar o espaço de aula atual, reduzindo as desigualdades existentes entre as diferentes classes sociais no que se refere às possibilidades de acesso à Sociedade de Informação. O rádio pode, com sua interferência, ser veículo auxiliar vigoroso, proporcionando mudanças no comportamento dos cidadãos. Todavia cabe ressaltar que tanto a informação quanto o conhecimento só possuem grau de significância em relação ao contexto, não podendo ser desvinculados das relações sociais em sua historicidade. A extensão universitária como atividade acadêmica identificada com os fins da instituição é um processo educativo, cultural e científico articulado com o ensino e a pesquisa, de forma indissociável, ampliando a relação entre a universidade e a sociedade. As atividades de extensão, por sua vez, realizam-se sob a forma de programas, projetos, cursos, prestação de serviços, assessorias e consultorias nas áreas técnica, científica, artística e cultural. Instrumento de largo alcance e de fácil acesso, considerando o seu baixo custo, o rádio tem sido utilizado com frequência nas atividades de extensão educativa. Apesar de ter sido muitas vezes relegado ao esquecimento e a um plano inferior com relação aos demais veículos de comunicação, ele é inegavelmente um facilitador da construção do conhecimento. Seu caráter multidisciplinar faz desse veículo eletrônico peça fundamental na construção da cidadania e do processo democrático. O rádio educativo agrega pessoas tanto na realização dos programas quanto na audição deles.

Nesse sentido, o jovem é convidado a compartilhar saberes construídos em sua comunidade de origem, na sala de aula, na escola, no bairro e na cidade, com seus pares, e levá-los a outros grupos sociais, podendo reunir assim, experiências de todos os cantos do planeta. Nessa ótica, o Projeto de Extensão de Rádio Educativo da PROEX-UFMG surge como uma possível contribuição em instâncias educacionais. O Projeto visa, inicialmente, a valorização do jovem, permitindo-lhe ser sujeito de suas próprias escolhas na sociedade. Busca desenvolver habilidades ligadas à competência comunicativa: leitura, escrita, oralidade; pretende estimular a autonomia dos jovens, para que sejam produtores/autores das peças radiofônicas. Além disso, busca despertar o sentimento de pertencimento a uma comunidade e a responsabilidade de ser sujeito/autor do conhecimento e, portanto, construtor da realidade. Procura incentivar o adolescente para que seja porta-voz de seus anseios e conflitos, expressando-os numa linguagem que revele sua identidade. Cria a possibilidade de o aluno perceber a multiplicidade de vozes que circulam na mídia e se posicionar perante elas, de forma consciente, crítica e ética. Tenta agregar condições de interlocução, de modo que o aluno possa utilizar a sua língua como instrumento a favor da construção da democracia. Almeja fortalecer o espírito de responsabilidade no que se refere às esferas pública e privada, valorizando a disciplina, a organização e o respeito pelo outro. Finalmente, o Projeto busca despertar em seus participantes sensibilidade e atitude flexível para lidar com pontos de vista diferenciados, sabendo quando falar e ouvir, assim como estimular um espírito que rejeite toda forma de violência e discriminação.

A seleção das escolas estaduais contempladas pelo projeto obedece a determinados critérios. Devem ser escolas Projeto de Educação Afetivo Sexual (PEAS), da Secretaria de Educação de Minas Gerais, localizadas na capital mineira, necessitam possuir projetos que incluem a utilização do rádio; devem ser escolas PEAS que desejam incluir o rádio educativo como complemento de seus projetos; ser finalmente, escolas que, não fazendo parte do PEAS, desenvolvem projeto próprio de rádio. Há também normas para se escolher os alunos que participarão do projeto: adolescentes denominados "adolescentes protagonistas" do PEAS, alunos que não cursem as séries finais e alunos que estudem pela manhã. Com essa comunicação está posto o universo que circunscreve o Projeto Rádio Educativo da UFMG.

Para ir além dessa forma discursiva, tecendo os fios de uma nova textura, é importante dar voz aos sujeitos dessa experiência educativa: os meninos do rádio. Assim, eles falam:

> Sou A. C., tenho 13 anos. Quando era criança, tinha um sonho como todo menino: ser jogador de futebol. Já fiz escolinha, já tentei de tudo, mas não tinha habilidade com os pés. Isso me fez correr atrás de outras coisas em que eu verdadeiramente fosse bom. Foi quando entrei na Escola Nossa Senhora do Belo Ramo e descobri as duas coisas nas quais realmente sou bom: jogar vôlei e participar do Rádio Educativo.
>
> Meu nome é D., eu tenho 16 anos. Moro no Bairro Nova Granada, no Morro das Pedras nº 15. Minha primeira escola foi a Escola Municipal Hugo Werneck, a segunda foi a Escola Municipal Amintas de Barros e a terceira é a E. E. Nossa Senhora do Belo Ramo onde já estou faz três anos. Eu não gosto de estudar nem de acordar cedo. Gosto do Rádio Educativo. O meu sonho é ser jogador de futebol.
>
> Meu nome é R. P. Eu sou filho único e moro no bairro Nova Granada, eu estudo na Escola do Belo Ramo. Faço o curso de Rádio Educativo. Não moro com o meu pai, ele é feio e

não dá bola. Meu sonho é ser goleiro da seleção de futebol do Brasil. Eu gosto de ir à igreja evangélica Unida.

Meu nome é S. K. Tenho 14 anos, sou filha da minha mãe com o meu pai, meu sonho é ter minha casa e morar sozinha. Eu quero ser juíza por causa do salário; gosto de dormir e comer chocolate e detesto estudar. Gosto do rádio.

Essas falas, embora tímidas, são uma pequena mostra do que move o mundo desses aprendizes de cidadania. Em debate: educar através dos saberes e fazeres do rádio é uma questão para se refletir quando se pensa o processo de inclusão social.

Referências

AMORIM, Wemerson. Nas ondas da rede. *Rádio em Revista*, Belo Horizonte: SEDRAG, maio 2005, ano I, n°01.

ANDRADE, Juliana; MAGALHÃES, Rosane Moreira. O rádio vai à escola. In: *Rádio em Revista*, Belo Horizonte: UFMG, 2006, jun/jul, ano I, n. 2, p. 62-65.

CONSANI, Marciel. *Como usar o rádio na sala de aula*. São Paulo: Contexto, 2007.

DUARTE, Regina Horta. Sintonia em dois tempos. *Rádio em Revista*, Belo Horizonte: ed. Belo Horizonte, nov. 2008, v. 4, n. II.

GOUVÊA FILHO, P. E. Roquette-Pinto: antropólogo e educador. *Revista Brasileira de estudos pedagógicos*. Rio de Janeiro: jul./set. 1955, v. 24, n. 59.

LACERDA, Juliana Andrade; MAGALHÃES, Rosane Moreira. O rádio vai à escola. *Rádio em Revista*. Belo Horizonte: SEGRAC, jun./jul. 2006, v. 02, n. II, ano 1.

LABARTHE, Ilka. Uma visita no Jardim Botânico no tapete mágico. *Revista Nacional de Educação*. Rio de Janeiro: jan. 1934.

MARTINS, Fábio. *Projeto de Extensão de rádio educativo*. Belo Horizonte: PROEX/UFMG, 2009.

MELO, José Marques de. TOSTA, Sandra Pereira. *Mídia e Educação*. Belo Horizonte: Autêntica, 2008 (Coleção Temas e Educação).

RIBAS, Paulo César. Avanço tecnológico. *Rádio em Revista*. Belo Horizonte: SEGRAC, maio 2005, v. 1, ano I, n. 1

Divulgação científica na Rádio Favela FM
Percursos discursivos e a ciência na ausência da imagem

Ana Paula Bossler

> *Quantas vezes por dia, tente você contar,*
> *o que chama sua atenção, o que faz você perguntar*
> *Seria o leite fervendo? Por que teima em derramar?*
> *Enquanto a água pura borbulha, só fazendo espirrar!*
>
> ABERTURA RIMADA Nº 4

O programa *Ciência na Favela* esteve no ar por seis anos (1999-2005) integrando a programação da Rádio Educativa Favela FM,[1] sendo apresentado ao vivo, uma vez por semana, com duração de uma hora. Era objetivo divulgar o conhecimento científico, de maneira a aproximá-lo e torná-lo familiar ao não

---

[1] A Rádio Favela situa-se no aglomerado da Serra, na cidade de Belo Horizonte (MG), e foi idealizada, fundada e gerida por moradores da favela, há aproximadamente 30 anos. Em 1999 a rádio recebeu a concessão para funcionar como rádio educativa graças aos serviços prestados à comunidade e à programação comprometida com a Educação. Além disso, a rádio atraiu a atenção da audiência combinando ousadia no formato dos programas com espontaneidade. Em 2002, a história da rádio foi contada no longa-metragem *Uma onda no ar*, do cineasta Helvécio Ratton. A rádio pode ser acompanhada na capital mineira na frequência 106,7 Mhz ou pela WEB, no sítio http://www.radiofavelafm.cjb.net/2009. O Capítulo anterior deste livro trata de outro exemplo de programa da Rádio Favela.

cientista. Pretendíamos contemplar a ciência presente no cotidiano das pessoas, as histórias da ciência e as novidades científicas, com suas implicações éticas, religiosas e sociais.

Possuindo experiência alicerçada quase que integralmente na prática de sala de aula, visto ter como formação inicial o curso de licenciatura em Biologia, assumi a produção e a apresentação do programa *Ciência na Favela*. Minha formação incluía ainda o trabalho realizado com pesquisa na área de ecologia durante a graduação, o que poderia significar que o ponto de vista do pesquisador poderia estar presente no tratamento dos conteúdos a serem apresentados. Portanto, na modalidade de sujeito que assumia a apresentação do programa *Ciência na Favela*, tinha o discurso alimentado por no mínimo duas vozes, a voz do professor e a voz do cientista.

Falar sobre ciência no rádio teria a mesma configuração do ensinar ciência em uma sala de aula? Em que medida os ouvintes do programa *Ciência na Favela* poderiam ser emparelhados aos aprendizes do auditório escolar? A apresentadora do programa poderia ter a mesma *performance* da professora? Como manter o interesse da recepção pelo conteúdo sem utilizar os mecanismos coercitivos próprios da sala de aula? As questões nascidas dessa efervescência de ideias e novos conhecimentos acabaram por fomentar meu trabalho de mestrado, no qual investiguei a presença do gênero educativo no programa *Ciência na Favela*, e minha tese de doutorado, em que encampo a mídia televisiva na discussão e a presença de indicadores de emoção.

Assim, ao longo desse período, o programa configurou-se como laboratório para experimentações de formatos e estratégias para a divulgação da ciência no rádio. Interessavam-me as aproximações e os distanciamentos entre o rádio e a sala de aula como possíveis espaços para o aprender, e ainda, distinguir diferenças na *performance* dos sujeitos comprometidos a ensinar nessas duas instâncias.

Neste texto não é nossa intenção descrever o comportamento camaleônico do programa *Ciência na Favela* ao longo da sua breve história. Elegemos para esta interlocução discorrer sobre o desafio de se realizar a divulgação científica no rádio, descrever a rotina de produção do programa *Ciência na Favela* e apresentar algumas considerações acerca dos programas com finalidade educativa na mídia.

A ciência na ausência de imagens: desafios da divulgação científica no rádio

A escola tradicional não tem conseguido cumprir seu papel na "alfabetização" dos cidadãos no que diz respeito à ciência. De acordo com nossso objetivo no programa *Ciência na Favela*, acreditamos estar em consonância com a definição de divulgação científica proposta por José Reis (*apud* KREINZ, 2000, p. 72), ao ocuparmo-nos de duas funções que se completam: "em primeiro lugar, a função de ensinar, suprindo ou ampliando a função da própria escola; em segundo lugar, a função de fomentar o ensino".

Realizar divulgação científica no rádio é um grande desafio, considerando a impossibilidade física do uso da imagem. Tradicionalmente o ensino das ciências conta com o suporte de figuras, gráficos, imagens, esquemas que visam aumentar a possibilidade do aprendiz compreender a mensagem. No rádio, é do som que extraímos os recursos para garantir a aprendizagem. O uso dos sons, das músicas e dos ruídos podem colaborar para que o ouvinte desenhe uma imagem mental da cena sonora a partir das sensações implicadas naqueles contextos.

Em nosso estudo sobre televisão (BOSSLER, 2009), analisei a contribuição das imagens em programas sobre ciência. Constatamos que um dos programas investigados poderia ser convertido sem ajustes em uma emissão radiofônica, embora utilizasse imagens em profusão. As imagens teriam a função de confirmar o dito, de criar um contexto visual (ilustrações) ou explicitar de forma destrinchada uma explicação através de uma figura ou mapas para que o telespectador se situasse. Contudo todas as imagens materializavam-se no discurso, descritas de forma pormenorizada. Podemos dizer que era no discurso que o conhecimento trafegava.

Universo de palavras e vozes: a rotina de produção do Ciência na Favela

Como foi mencionado, ao longo dos anos, o programa *Ciência na Favela* assumiu diferentes formatos. De acordo com Claparéde (1959) e sua "lei do interesse", procurávamos manter no programa elementos familiares, para que fossem reconhecidos, e elementos inéditos, que exigiriam esforço de leitura e interpretação. Vale salientar que o programa firmou um contrato de comunicação peculiar com sua recepção, na medida em que esses sujeitos sabiam que o *Ciência na Favela* poderia a cada episódio revelar novidades suficientes que o configurariam quase como um novo programa. Era, portanto, um elemento familiar para os ouvintes o fato de o programa poder ser sempre diferente. Após a execução de uma vinheta que dizia "E hoje o papo é...", o tema do dia era apresentado, ocorrendo em seguida uma breve explanação do assunto, incluindo perguntas e enganos disseminados pelo senso comum. Elaborávamos uma lista de questões, buscando partir do que, supostamente, os ouvintes pensariam a respeito do tema, além de provocações que pressupunham um certo nível de conhecimento. Essa lista era revisitada ao longo de todo o programa, como ponto de partida para novas frentes discursivas. O conteúdo era trabalhado em blocos, sendo que a construção discursiva pretendia se assemelhar a um bate papo.

Assumindo a dimensão do entretenimento enquanto expectativa da recepção radiofônica, procuramos incluir estratégias específicas para esse fim: a narração de um episódio da história da ciência, com a colaboração de um contador de histórias; a elaboração de "Aberturas Rimadas", lidas no início de cada programa, uma espécie de brincadeira rimada com os rituais da ciência; a leitura de poemas, fragmentos literários, artigos de jornais, parlendas e trava-línguas; a execução de músicas (dividindo os blocos); a sugestão de um experimento prático para ser reproduzido em casa, na "Hora do Faça Aí" e a participação ao vivo por telefone, quando os ouvintes podiam fazer perguntas, tirar dúvidas e participar do "Desafio". Para preencher o aparente vazio sonoro da *mise-en-scène* discursiva, utilizávamos estratégias discursivas como a convocação das vozes[2] de ausentes, ou convidávamos os ouvintes a participarem por telefone, ou chamávamos convidados. Por telefone, os ouvintes eram incentivados a participar através do "Desafio",[3] uma pergunta dirigida a eles acompanhada de possíveis respostas para que escolhessem.

Chauraudeau (1997) aponta que a orquestração da voz permite que o rádio crie entre a instância da produção e da recepção duas situações típicas para esse suporte: a conivência intelectual (situação dialógica) e a atmosfera intimista. Para nós interessava especialmente a conivência como resultado do diálogo travado entre os interlocutores. Nesse sentido, o "Desafio" era um modo de regulação no qual intimávamos os ouvintes para que participassem.

Objetivando ter em cena interlocutores reais, o *Ciência na Favela* organizava-se sob novos formatos, sendo exibido ao vivo fora do estúdio da rádio ou gravado conforme possibilidade dos participantes. Como exemplo, poderíamos citar a "Tarde na Escola", quando o programa era transmitido ao vivo diretamente de uma escola. Os alunos atuavam em todo o processo, inclusive na produção. Algumas escolas participaram da transmissão do programa dos estúdios da rádio. Realizávamos ainda entrevistas com especialistas e a cobertura de alguns eventos de pesquisa, nos quais podíamos oferecer uma panorâmica das pesquisas que estavam sendo realizadas.

Uma última experiência que vale mencionar foi a realizada com a contribuição dos alunos da Universidade Federal de Minas Gerais (UFMG), que tiveram a oportunidade de

---

[2] O estudo das vozes remete-nos ao "dialogismo" de Bakhtin (1929), princípio segundo o qual nós sempre falamos com as palavras dos outros. Nesse sentido, um único enunciador contemplaria em sua fala os pontos de vista, opiniões e dúvidas de sujeitos ausentes. Na fala da apresentadora poderíamos encontrar um elenco de vozes.

[3] O Desafio consistia em perguntas apresentadas ao longo do programa, com o intuito de que os ouvintes ligassem e participassem ao vivo, escolhendo uma das opções de resposta. A resposta correta só era revelada no final do programa. Frequentemente, os ouvintes aproveitavam o momento da ligação para contar histórias acerca do assunto, tirar dúvidas ou fazer perguntas. Não havia prêmio e algumas vezes o desafio organizava-se sob a forma rimada.

assumir a produção e a apresentação do programa de rádio, como atividade prevista em disciplinas do curso de licenciatura.

Na realidade, muito antes de a vinheta "E hoje o papo é..." anunciar o tema do dia, o programa estava a ser preparado, em fase de produção. Nessa fase elegíamos o tema, definíamos os recortes, pesquisávamos em diferentes fontes, realizávamos entrevistas, organizávamos roteiro para a apresentação, selecionávamos textos, elaborávamos "desafios", entre outros.

Em seis anos no ar na Rádio Favela, o *Ciência na Favela* apresentou cerca de 300 temas.[4] Os programas relacionados ao corpo humano, à alimentação e aos animais receberam o maior número de chamadas dos ouvintes. Ao fim de cada programa anunciávamos o tema da semana seguinte, que era escolhido de acordo com solicitações dos ouvintes, como um "programa sob encomenda"; sugestões da direção da rádio e/ou moradores da comunidade; calendário de acontecimentos esperados ao longo do ano conforme a temporada; um tema de destaque na mídia, como dengue ou febre amarela; uma escolha a partir da minha experiência como professora e pesquisadora, ao reconhecer a potencialidade de um determinado assunto ou abordagem.

Definido o assunto, promovíamos uma "tempestade mental" com o intuito de obtermos o maior número de ligações possíveis com o tema escolhido. Em seguida, de posse desse mapa de ideias, realizávamos os cortes, de acordo com os

---

[4] Alguns dos temas apresentados: A novela da larvinha; Série Animais de Estimação; Pulgas; Transgênicos; O mundo da Internet; Tubarões; Agrotóxicos; Plantas exóticas; Viagem à lua; Oceanário; Eclipse; Projeto Genoma; Projeto Biosfera; Astronomia; Astronomia x Astrologia; Os dentes; Órgãos dos sentidos; A água; As abelhas; Insetos sociais; Saneamento básico; Circulação sanguínea; Zoológicos; Borboletários; Nutrição; Os super-heróis; Mito ou verdade; A comunicação; O sexo das plantas; O cacau; Fim do mundo; A história das vacinas; Piolhos; Longevidade; Cidades perfeitas; O que uma televisão, um cartão telefônico e um cachorro têm em comum?; Viagens espaciais; Viagem no tempo; Teletransporte; Fibra ótica, História do rádio, Meios de comunicação; A ciência na cozinha; A ciência no banheiro; Os sons; Dia dos namorados; A roupa do Papai Noel; Energias alternativas; Eletricidade; Carnaval; Cinema; Fotografia; Extremos.

aspectos que pretendíamos trabalhar. Em outras palavras, a cada programa, havia aproximadamente cinco conceitos ligados ao tema principal, e era a partir deles que organizávamos o desdobramento dos conteúdos. Para um mesmo tema, poderíamos ter programas com desdobramentos muito diferentes, dependendo dos objetivos escolhidos no momento de se elegerem os caminhos a seguir, os conceitos que desejávamos trabalhar. Definido o percurso discursivo, realizávamos uma pesquisa buscando consultar diferentes fontes, desde livros didáticos até sítios de pesquisa na web. Essas informações eram convertidas em textos, que poderiam ser conferidos no momento da apresentação. Por último, elaborávamos um roteiro contendo o tema principal e seus desdobramentos, determinando a sequência da abordagem, as inserções de músicas e quando realizaríamos a pergunta para os ouvintes.

Considerações acerca da prática

Embora pretendêssemos que o programa não fosse lembrado como "uma aula que acontecia no rádio", podemos dizer que os indicadores do gênero educativo encontrado (Bossler, 2004) determinam a aproximação do programa das práticas escolares. A presença maciça da voz do professor é a evidência mais forte da influência da sala de aula na produção dos programas. O léxico empregado é o característico das práticas educativas da sala de aula, indicando que a apresentadora administra a ação e realiza tarefas semelhantes às de um professor em exercício, como ao preocupar-se com a compreensão no nível da recepção ("Não sei se vocês estão entendendo") ou prontificar-se em repetir e explicar ("Calma, eu vou explicar", "Vamos repetir").

O problema de se assemelhar à escola fundamenta-se na pouca competitividade dos programas educativos perante aqueles comprometidos exclusivamente com o entretenimento, em um suporte no qual a audiência determina que programas devem permanecer no ar. Isso porque, enquanto a escola tradicional mantém cativo o sujeito na recepção por meio de imposições legais, a mídia ocupa-se em seduzir, em tentar descobrir o que afeta e interessa a esse sujeito. A audiência rejeitaria os programas educativos sempre que localizasse elementos próprios da sala de aula tradicional, gozando da liberdade de escolha materializada na figura do controle-remoto.

Por isso os programas com finalidade educativa, mesmo tendo a intenção de educar, não querem ser associados ao educativo. Ao ter na mídia suas práticas reproduzidas através dos programas educativos, a escola tem sob si uma lente de aumento que explicita suas mazelas. Mesmo que admitamos que a escola tradicional seja eficiente na aprendizagem de muitos alunos, há que se reconhecer que os caminhos para essa aprendizagem poderiam ser outros. Esse é o desafio da Educação na escola e no rádio: encontrar novos caminhos para a aprendizagem que valorizem o *plus*[5] de potência presente em cada aprendiz.

Referências

BAKHTIN, M. *Marxismo e filosofia da linguagem*. Tradução de M. Lahud, Y. Frateschi. São Paulo: Hucitec, 1929/1986.

BOSSLER, A. P. *Indicadores do gênero educativo no programa de rádio "Ciência na Favela"*. Dissertação (Mestrado em Educação). FaE,UFMG. 2004.

BOSSLER, A. P. *A ciência pode ser divertida: a emoção na mediação do conhecimento científico*. Tese (Doutorado em Educação). FaE, UFMG. 2009.

CHARAUDEAU, P. *Les discours d'information médiatique. La construction du miroir social*. Paris: Nathan, 1997.

CLAPARÈDE, E. *A escola sob medida*, tradução Maria Lúcia do Eirado Silva. Editora Fundo de Cultura,1. ed., São Paulo, 1959

KREINZ, G. Teoria e prática da divulgação científica. In: KREINZ, G.; PAVAN, R. *Os donos da paisagem - Estudos sobre divulgação científica*. São Paulo: Núcleo José Reis de Divulgação Científica da ECA/USP, 2000.

NIETZSCHE, F. W. *Vontade de potência*. Rio de Janeiro: Tecnoprint, 1966.

---

[5] Para Nietzsche (1996), a alavanca para todos os processos da vida seria uma "vontade de acumular força". O autor trouxe ao debate o conceito de vontade de potência, segundo o qual "o que o homem quer, o que a menor parcela de organismo vivo quer, é um *plus* de potência".

Soluções em software livre para rádio web

Nelson De Luca Pretto, Maria Helena Silveira Bonilla, Fabricio Santana, Bruno Gonsalves, Mônica de Sá Dantas Paz e Hilberto Mello

Desde a sua criação, o rádio e todo o sistema de radiodifusão que se implantou no início do século passado, desempenharam, e ainda desempenham, importante papel na difusão da informação e no lazer da população. Desde as primeiras emissões, meramente experimentais, até as transmissões de grandes acontecimentos, como as guerras mundiais, os campeonatos esportivos mundiais, entretenimento e jornalismo, o rádio sempre foi visto como portador de um grande potencial educacional e cultural.

Das primeiras transmissões, com equipamentos que funcionavam com válvulas que necessitavam esquentar para ter o seu pleno funcionamento, até os dias de hoje, com o rádio digital, acompanhamos grandes transformações tecnológicas, na maneira tanto de se fazer e emitir a programação radiofônica quanto de ouvir.

Foi durante a Primeira Guerra Mundial que se aperfeiçoaram os sistemas de transmissão e recepção de áudio por ondas eletromagnéticas, sem a necessidade de fios. O jornalista brasileiro Nelson Hoineff, no seu livro *TV em expansão* (1991), descreve com propriedade os movimentos de implantação do rádio nesse período. A Westinghouse, tendo fabricado dezenas de milhares de receptores para a guerra, resolveu, após o seu término, em 1920, transmitir entretenimento gratuito através de um transmissor instalado no topo de sua fábrica nos Estados Unidos. Com isso, o rádio passou a fazer parte da vida cotidiana das pessoas e, assim, estimulou o próprio desenvolvimento do veículo.

Estávamos no final de 1920, quando, de acordo com Jerome Berg (1999, p.14), a primeira emissora não experimental, a KDA, transmitiu uma programação em um transmissor de 100 watts, elevado para 500 watts, com uma audiência estimada de 50 pessoas. Ainda de acordo com Berg, em março de 1922, 98 estações estavam estabelecidas, crescendo rapidamente para 253 em agosto desse mesmo ano e chegando a 502 em outubro (p. 14). Esse crescimento continuou de forma vertiginosa nos Estados Unidos, dando início à constituição das grandes redes de comunicação, sendo a primeira delas a National Broadcasting Corporation (NBC), que já possuía, em 1926, 25 estações de rádio e mais de cinco milhões de ouvintes (HOINEFF, 1991, p. 66).

Conforme já afirmamos em texto anterior (PRETTO, 1996), no Brasil os primeiros transmissores de 500 watts começaram a ser utilizados em 1922, sendo a primeira transmissão realizada do alto do morro do Corcovado, no Rio de Janeiro, capital do País, na época, transmitindo para alto-falantes instalados na exposição do centenário da independência do Brasil.

> Em 20 de abril de 1923, Roquette-Pinto e Henry Moritze, membros da Academia de Ciências, antevendo a possibilidade de utilização desse novo recurso para a formação e informação das pessoas, fundam, na própria Academia, a Radio Sociedade do Rio de Janeiro, a primeira estação radiodifusora do Brasil (p. 63).

Não é nosso objetivo resgatar a história do rádio, mas importante se faz iniciar esse texto com esses primeiros momentos para compreendermos a velocidade com que o meio se desenvolveu e a importância que ele adquiriu ao longo dos anos. Com isso, podemos perceber que, de uma forma ou de outra, desde os seus primórdios, o rádio sempre foi, e continua sendo, um meio de comunicação que efetivamente alcança uma grande quantidade de pessoas em todas as partes do mundo.

No Brasil, o rádio e a televisão são, hoje, continuam sendo para a maioria dos brasileiros, a principal fonte de informação. Segundo pesquisa coordenada pelo Comitê Gestor da Internet no Brasil,[1] em 2008, a televisão estava presente em 97% dos domicílios, enquanto que 86% dos lares possuíam rádio. Na zona rural o rádio estava presente em 84% dos lares e a TV, em 91%, o que demonstra serem, ainda, TV e rádio os grandes instrumentos de informação da população brasileira. Em contraste, também de acordo com dados do Comitê Gestor de Internet no Brasil e do Fórum Nacional pela Democratização da Comunicação (FNDC),[2] os dados de 2008 indicam que 39% da população não lê revista ou apenas tem acesso a essa fonte trimestralmente; 48% lê jornal apenas uma vez por semana e somente 18% dos domicílios têm acesso a internet. Esses dados comprovam indubitavelmente a supremacia da TV e do rádio como os mais importantes veículos de informação dos brasileiros.

Do ponto de vista tecnológico, o rádio evoluiu muito, passando dos primeiros equipamentos e estações, a válvula, para a incorporação integral dos recursos da computação. Essa presença se manifesta em diversas etapas do processo de produção de programas, irradiação e recepção desses, passando pela gestão da própria emissora de rádio. Segundo Moacir Barbosa de Sousa (2002, p. 14), a informática contribui bastante com o rádio, "melhorando a qualidade de som, eliminando os buracos e facilitando até a burocracia das emissoras, pois existem sistemas que emitem automaticamente relatórios de irradiação de comerciais para comprovação junto aos clientes dos verdadeiros horários de veiculação da propaganda".

Com a intensificação do uso da internet, principalmente para a busca de notícias e novidades musicais, muitas rádios passaram a incorporá-la como mais um mecanismo de produção da programação. E com uma programação que cada vez mais se diversifica, o rádio encanta seus ouvintes e conseguiu,

---

[1] Disponível em: <http://www.cgi.br>.
[2] Disponível em: <http://www.fndc.org.br>.

de diversas maneiras, chamar a atenção de um grande público durante décadas, mesmo depois da chegada da televisão. Com isso, foi se aperfeiçoando e melhorando suas transmissões, profissionalizando a produção, incorporando outros profissionais, além dos radialistas, tais como redatores, jornalistas, músicos e técnicos de som, de forma a se constituir em um importante meio de comunicação de massa, buscando sempre solucionar a questão da efetiva participação dos ouvintes. Essa participação, em um primeiro momento, ocorria através da assistência aos programas de auditório, muitos dos quais se tornaram lendários na história do rádio brasileiro, a exemplo dos que ocorriam na Rádio Nacional e na Sociedade do Rio de Janeiro na década de 1950. Também acontecia através das cartas enviadas às emissoras com avisos para serem veiculados ou com pedidos musicais. Com o desenvolvimento das telecomunicações, principalmente com os telefones fixos e celulares, as emissoras de rádio introduziram em sua programação a possibilidade de uma maior intervenção dos ouvintes, seja respondendo a pedidos feitos pelos locutores, seja, mais recentemente, com a veiculação ao vivo dos comentários dos ouvintes, incluindo a participação no envio de notícias. Com a expansão da internet e da telefonia móvel, também o e-mail e os SMS (mensagens curtas pelo celular) passaram a ser um importante canal de comunicação com os ouvintes.

Embora somente com as tecnologias digitais a interação plena começa a ser uma possibilidade, é importante ressaltar que a comunicação bidirecional foi um advento da radiocomunicação. O dramaturgo alemão, Bertold Brecht, em citação repetida inúmeras vezes na literatura sobre o tema, inclusive nos capítulos deste livro, acreditava que, se em cada residência existisse um aparelho de rádio capaz de enviar e receber mensagens, estariam dadas as condições para se instaurar uma esfera pública cidadã sustentada pela infraestrutura técnica, como o espaço público no qual acontece a interação entre os sujeitos. A ideia de Brecht começou a ser concretizada na sociedade norte americana em 1920 e intensificou-se após a Segunda Guerra Mundial, quando muitas pessoas passaram a montar em suas casas uma estação de emissão/recepção de mensagens. Com a instalação dos radioamadores domésticos, o indivíduo passava a ter uma estação emissora/receptora de rádio e contactar outras estações mais próximas, na mesma cidade ou em locais muito distantes.

Com a digitalização dos sinais transmitidos, discute-se sobre o futuro do rádio e suas transformações. O que já se vê hoje é um rádio com qualidade equivalente ao CD (*compact disc*), com possibilidades de leitura das informações em tela de cristal líquido nos receptores, eliminação de interferências nas frequências AM e FM, de tal forma que se visualiza a possibilidade de uma única emissora operar diferentes tipos de transmissões: terrestres para a cobertura nacional ou local, transmissões por satélites para cobertura de grandes zonas, transmissões por cabo para zonas pequenas, além de transmissão de dados e serviços especializados (DEL BIANCO, 2004).

O processo de migração para o rádio digital já vem ocorrendo em diversos continentes e foram desenvolvidos até hoje, basicamente, três formatos para o rádio digital: o europeu Eureka 147 DAB (*Digital Audio Broadcasting*), o estadunidense IBOC (*In-Band On-Channel*) e o japonês ISDB-Tn (*Services Digital Broadcasting – Terrestrial Narrowband*). Os três padrões apresentam vantagens e desvantagens e estão sendo implantados de acordo com os interesses específicos de cada país. Pode-se destacar que todos os três formatos trabalham com a ideia da convergência de mídias, possibilitando a integração de imagens e textos. Cada um desses padrões, segundo Nélia Del Bianco (2004), possui características que são tidas como positivas e inovadoras para o meio e que, seguramente, demandam discussões teóricas e políticas intensas.

Assim como no caso da televisão, que não trataremos neste texto, as questões políticas por trás da definição de que formato um país vai adotar são enormes.[3] A discussão sobre o sistema digital a ser adotado pela televisão no Brasil terminou ofuscando as demais discussões sobre todo o processo de digitalização dos

---

[3] Para o caso da TV Digital brasileira, sugerimos os trabalhos de MOTA (2005).

sinais e, o que aqui se viu para o rádio foi a adoção, quase na surdina, do padrão norte-americano, sem uma discussão mais aprofundada sobre as qualidades e as dificuldades de sua implantação no País. Ao longo dos últimos anos vêm ocorrendo no Brasil seguidos testes com esse padrão norte-americano (IBOC) e, desde 2005, algumas rádios com mais recursos financeiros, integrantes de grandes grupos de comunicação, já o adotaram, tendo já solicitado à ANATEL autorização para começarem sua transmissão. Muitos problemas estão sendo encontrados, assim como muitas críticas por parte das rádios de pequeno porte estão surgindo, uma vez que o custo dessa migração é muito alto e não se promoveu o necessário debate com a sociedade sobre a temática.

Temática complexa e, mesmo em países com alto índice de desenvolvimento, a migração do sistema de radiodifusão para um dos padrões digitais vem sendo questionada, uma vez que o futuro nesse campo é muito incerto. O caso da Finlândia é ilustrativo, pois, segundo a ministra das Comunicações daquele país, Suvi Lindén, em matéria publicada no jornal *O Estado de S. Paulo*, o governo ainda não decidiu se vai investir na migração do rádio analógico para o digital. Para ela, "o problema é a exigência de se trocar tudo – equipamentos das emissoras e receptores dos ouvintes. Isso exigiria até a mudança de faixa de frequências e a interrupção das atividades das emissoras. Nem o padrão europeu nem o norte-americano satisfazem". Para a ministra, no futuro, "as transmissões de rádio serão todas via internet ou associadas à TV digital", uma vez que a conectividade, naquele país, é das mais elevadas: "mais de 60% da população utilizam regularmente a rede mundial. E, de cada 100 usuários, 70 dispõem de acesso em banda larga" (O ESTADO DE S. PAULO, 2008). Transforma-se o rádio, portanto, de forma radical e, quem sabe, isso possa ser o fim desse modelo de transmissão de informações assim como o conhecemos hoje.

A revista *Wired*, em sua edição de março de 2005 publicou um conjunto de reportagens anunciando o fim do rádio (*The End of Radio as we know it*), da mesma forma como também já se propagou o fim da televisão (GILDER, 1994). Os autores daquelas reportagens explicitavam as transformações tecnológicas que estão modificando o próprio rádio e o comportamento das pessoas em torno do que seja o ato de ouvir o rádio já que agora, em lugar das simples emissões por ondas eletromagnéticas, passamos a usar uma combinação entre satélites, *streaming* de áudio pela internet, emissão digital, áudio sob demanda, audiocast e muito mais. Assim, apresentaremos alguns aspectos técnicos e procedimentos básicos para a implantação de rádios web, com uso exclusivo de software livre.

Rádio web

Denomina-se rádio web as possibilidades de utilização de áudio em transmissões via rede internet. Essa denominação, mantendo a palavra rádio, foi dada pela sua associação com a mídia convencional sonora, mas apresenta muitos aspectos que a diferenciam da emissão por ondas eletromagnéticas. Há rádios na internet que veiculam programas das estações regulares de AM e FM e as que veiculam exclusivamente pela rede. Em outros capítulos deste livro são apresentadas formas de classificação das rádios na web, e o que fica evidente é que, com o desenvolvimento da tecnologia para a transmissão de áudio em fluxo contínuo pela internet, denominada de *streaming*, forma-se uma nova geração tecnológica, caracterizada pelo envio de pacotes pela rede, até os receptores, onde esses são decodificados e executados sem a necessidade de *download* (INDYMEDIA, 2007). Essa tecnologia difundiu a utilização e conceituação das rádios web e ajudou no processo multidirecional de democratização das mídias na internet.

As rádios tradicionais, no Brasil, começaram a migrar para a rede a partir da segunda metade da década de 1990. Acredita-se que a primeira experiência de rádio criada exclusivamente para a rede tenha sido empreendida por integrantes do movimento Mangue Beat, no Recife, no estado de Pernambuco, Nordeste do Brasil. O programa intitulado *Manguetronic* estreou em abril de 1996, com a proposta de incorporar elementos da internet (como a hipertextualidade) à programação radiofônica (TRIGO-DE-SOUZA, 2004). A Usina do Som com programação musical diversificada é considerada a primeira a usar a tecnologia de *streaming* no Brasil no ano de 2000. A partir dessas primeiras experiências, e com a intensificação do uso da rede em banda larga no País, diversas outras emissoras voltaram-se para essa nova possibilidade e outras experiências começaram a nascer exclusivamente na internet. Esse bem sucedido "casamento" entre rádio e internet se deu, segundo Trigo-de-Souza (2004, p. 303), por diversos fatores, tais como:

> [...] o desenvolvimento tecnológico; a possibilidade de ampliação das audiências com a agregação de públicos segmentados em áreas geográficas diversas; o regionalismo, característica do rádio em comparação com o globalismo da internet; a democratização do acesso ao 'fazer rádio'; a interatividade como elo entre os dois meios; e a possibilidade de captação sem interromper a execução de atividades paralelas, inclusive o prosseguimento do processo navegacional, bem como a possibilidade de programação da audição a partir da conveniência do ouvinte.

Contudo, muitas dessas rádios na web utilizam softwares proprietários para a transmissão/recepção, conforme constatado pela pesquisa de Lígia Maria Trigo-de-Souza (2004). Segundo essa autora, em 2003, apenas 1,4% das emissoras brasileiras usavam um software diferente dos proprietários RealAudio, MediaPlayer ou Winamp. A utilização de software proprietários nas rádios, apesar de bastante difundida, traz uma série de dificuldades para um uso mais intenso nas experiências educacionais, livres e comunitárias. Por conta disso, acreditamos ser fundamental o avanço das pesquisas para a adoção de softwares livres na radio web, e foi isso que motivou o nosso grupo de pesquisa na Faculdade de Educação da UFBA a avançar nessa experimentação.

Software livre

Steven Levy, editor da revista semanal americana *Newsweek*, no livro *Hackers: heróis da revolução do computador*, publicado em

1984, explicita a filosofia daqueles que, desde os primórdios, desenvolveram a computação. Trata-se da "filosofia do partilhar, da abertura, descentralização e do pegar em suas mãos as máquinas a qualquer custo, do melhorar a máquina e melhorar o mundo" (LÉVY, 2001, p. 7, tradução nossa). Segundo o autor, essa filosofia está baseada em alguns valores denominados, no seu conjunto de ética hacker, e que são partilhados por programadores especialistas em desenvolver redes. Para ele, a ética hacker é "algo de valor, mesmo para aqueles como nós, não interessados em computadores" (p. 7). A informática e a internet desenvolveram-se velozmente justamente por conta dessa filosofia, como processos e produtos de um movimento que se valeu de um momento da história da humanidade no qual a contracultura fervilhava, e as manifestações da juventude contra o estabelecido intensificavam-se. Mas, muito rapidamente, esse movimento mais coletivo começou a ser apropriado pelo chamado mercado e muitos jovens que antes, na universidade, atuavam de forma colaborativa, passam a implantar seus próprios negócios e, cada vez mais, a fecharem suas condutas e procedimentos. Em paralelo, como em todos os movimentos sociais, outros continuaram na luta para fazer com que esse desenvolvimento continuasse aberto, livre e estivesse mais conectado com o compartilhar.

No início da década de 1980, buscando fortalecer esse movimento de compartilhamento e de desenvolvimento coletivo, nascia o projeto GNU, que pretendia resgatar a cultura *hacker*, uma cultura que, segundo o sociólogo Sérgio Amadeu da Silveira, é uma cultura "essencialmente baseada em atitudes éticas e no tripé: liberdade, colaboração e conhecimento" (HACKERTEEN, 2007). O projeto GNU foi desenvolvido, desde 1983, por Richard Stallman, um programador do Massachusetts Institute of Technology (MIT), nos Estados Unidos, visando criar uma plataforma livre completa (sistema operacional e diversos outros aplicativos) compatível com o sistema UNIX.[4] O Projeto GNU

---

[4] O UNIX é um sistema operacional portátil, multitarefa e multiusuário que é constituído de kernel (núcleo do sistema) e programas do sistema (programas aplicativos, shell, ambiente gráfico, etc). O site oficial é <http://www.unix.org>.

iniciou o desenvolvimento do sistema pelos aplicativos periféricos ao seu núcleo (como editores de textos, planilhas, entre outros). A sigla GNU é um acrônimo recursivo e significa *GNU's Not Unix*, ou seja, "algo diferente do Unix". GNU também é um animal da fauna africana, cujo nome se adequava ao acrônimo buscado. A esse projeto foram agregados os esforços do finlandês Linus Torvalds, que desenvolvia um kernel (núcleo) de um sistema, o qual foi denominado Linux. Dessa junção surge o sistema operacional completo conhecido como GNU/Linux (FSF, 2007).

Mas esse desenvolvimento não parava aí e, preocupado com o futuro, em 1985, Richard Stallman buscou formalizar esse movimento e criou a Free Software Foundation (FSF), com o objetivo de promover o desenvolvimento do Projeto GNU. Atualmente, a FSF também é a responsável por garantir os direitos legais de copiar, estudar, modificar e distribuir softwares, atuando principalmente na elaboração e na discussão pública das chamadas licenças do software, que ficaram conhecidas como licenças GPL (*General Public License*), atualizadas periodicamente. Stallman entendia que o desenvolvimento de softwares deveria proceder de tal forma que o produto final, fruto também do conhecimento coletivo, deveria estar igualmente à disposição da comunidade para estudos, contribuições, transformações (FSF, 2007).

A síntese das liberdades assegurada pela GPL considera que um programa é livre se apresentar as seguintes liberdades: a de executar o programa para qualquer propósito; a de estudar como o programa funciona e adaptá-lo para as suas necessidades, sendo o acesso ao código-fonte um pré-requisito para essa liberdade; a de redistribuir cópias de modo que você possa beneficiar o próximo e, por fim, a liberdade de aperfeiçoar o programa e liberá-los, de modo que toda a comunidade se beneficie, sendo também aqui o acesso ao código-fonte um pré-requisito para essa liberdade (PSLBA, 2007).[5] Sendo assim, considera-se livre um programa se todos os seus

---

[5] A Cartilha de Software Livre é de autoria de voluntários do coletivo Projeto Software Livre Bahia. Disponível em: <http://psl-ba.softwarelivre.org>.

usuários tiverem acesso a essas quatro liberdades, não possibilitando que o desenvolvedor possa revogar essa licença. Na redistribuição dos softwares livres, é obrigatório repassar os códigos-fontes e os arquivos binários gerados de sua compilação, de tal forma que todos possam ter acesso a eles na sua integridade e, a partir dele, aperfeiçoá-lo ou desenvolver novos aplicativos, desde que continue a licenciá-los seguindo as quatro liberdades já definidas.

É importante ressaltar aqui que, em relação à comercialização, não se pode confundir um software livre com um software gratuito: "O fato de se cobrar ou não pela distribuição ou pela licença de uso do software não implica diretamente ser o software livre ou não" (PSLBA, 2005). O Software Livre caracteriza-se como um movimento que agrega diversas outras ações e princípios, todos centrados na lógica da colaboração. Para Mário Teza, do Projeto Software Livre do Rio Grande do Sul e do Projeto Software Livre Brasil, ele é "socialmente justo, tecnologicamente viável, economicamente sustentável" (TEZA, 2002).

A experiência das FACED/UFBA

O projeto da Rádio Faced Web nasceu em 2004, quando submetemos o primeiro projeto de pesquisa ao edital interno do PIBIC[6] na Universidade Federal da Bahia (UFBA). O que objetivávamos com esse e outros projetos, desde aquele primeiro momento, era intensificar, dentro de uma faculdade que forma professores, a pesquisa sobre as possibilidades do software livre para a Educação. Essas pesquisas, articuladas de forma intensa com o ensino e com a extensão universitária, incluíram a implantação da rádio web, de um canal interno de televisão (ÉduCANAL), de Pontos de Cultura que se constituem em espaços de produção multimídia em software livre, com apoio do Ministério da Cultura do Brasil[7], e dos *Tabuleiros Digitais*[8], projeto de inclusão digital que

---

[6] Programa de Iniciação Científica, apoiado pelo CNPq.
[7] Programa Ponto de Cultura, http://www.cultura.gov.br/cultura_viva/?page_id=31
[8] Disponível em: <http://www.tabuleirodigital.org>.

disponibiliza computadores para acesso a internet. Além de uma política de tecnologia da informação (TI) para a Faculdade, o que foi possível também por conta, durante esse período, do fato de o coordenador do grupo de pesquisa, Nelson De Luca Pretto, ser também o diretor da unidade. É importante salientar que também foi na Faculdade de Educação da UFBA que nasceu o Projeto Software Livre da Bahia (PSL-BA),[9] onde foi realizada a primeira e histórica reunião com a presença do assessor para cultura digital do Ministério da Cultura, Cláudio Prado.

Como parte dessa política da Faculdade de Educação, implantou-se no município de Irecê/Bahia, a 500 km de Salvador, um programa de formação de professores com a Licenciatura em Pedagogia para os professores da rede municipal, que teve início em 2004, já tendo formado uma primeira turma de 145 professores no ano de 2007 e com a segunda turma instalada no ano de 2008 com 60 alunos (professores-cursistas). Como parte desse projeto maior de formação, foram instalados um Ponto de Cultura denominado Ciberparque Anísio Teixeira,[10] uma rádio web – a Rádio Web Ciberparque –, um espaço e apoio para a produção multimídia, os Tabuleiros Digitais, todos esses projetos abertos à comunidade da cidade, oferecendo acesso livre com exclusivo e intenso uso de software livre. Além disso, associada ao projeto maior, foi instalada pela Prefeitura Municipal de Irecê uma biblioteca pública e área verde de lazer para a comunidade. Foram inúmeros os desdobramentos do chamado Projeto Irecê, mas aqui nos interessa os aspectos mais ligados à tecnologia de informação. O processo de mobilização foi feito através dos próprios professores-cursistas, que assumiram a coordenação local de todos os subprojetos, com a oferta regular de oficinas de software livre e de rádio web, como uma forma de mobilizar a comunidade para a manutenção da própria rádio. Essas ações foram criando um movimento especial na cidade em torno da temática do software livre, com diversas mobilizações, incluindo uma sessão especial na Câmara de Vereadores da cidade, em 13

---

[9] O histórico do PSL-BA, http:// wiki.dcc.ufba.br/PSL/NascimentoPSLBA
[10] Disponível em: <http://www.ciberparque.faced.ufba.br>.

de maio de 2004, na qual o tema, o projeto e a temática foram discutidos, contando com a presença de todos os vereadores de todos os partidos. Os desdobramentos foram inúmeros e destacamos aqui a realização, em 2007, da I Semana de Software Livre de Irecê, em conjunto com a III Semana de Software Livre da Faced/UFBA. Essas atividades foram mobilizando um grupo de jovens envolvidos com o software livre na cidade e, a partir disso, surgiu a ideia de se criar a Cooperativa do Grupo Linux de Irecê (COGILIX), que lamentavelmente não conseguiu agregar um número suficiente de usuários, segundo depoimento de Moises Filocre.[11] O desdobramento dessa tentativa foi a criação de uma empresa, a Orca Linux Consultoria e Serviços de Informática, que foi a primeira empresa com foco em software livre no interior da Bahia. O primeiro projeto da nova empresa foi exatamente a implantação de uma rádio web com software livre, e isso aconteceu na Câmara de Vereadores de Irecê, a partir da qual eram transmitidas todas as sessões e audiências públicas, ficando os áudios disponíveis na página para download.[12]

Para a realização desses projetos, concentramos nossas investigações nas experiências e possibilidades de implantação de rádios web com software livre e acreditamos que, com a socialização das soluções tecnológicas desenvolvidas nessas experiências, podemos contribuir para que mais rádios web possam ser implantadas em escolas e grupos comunitários.

Software livre para implantação de rádios web

A transmissão de áudio pela internet pode ser realizada de muitas formas. São várias as soluções proprietárias para tal, entretanto, os requisitos de hardware e software das soluções

---

[11] Voluntário do projeto desde o início e hoje um dos proprietários da empresa criada a partir desses projetos. Depoimento por e-mail aos autores.
[12] Infelizmente, no fechamento deste livro, constatamos os final dessa iniciativa em função da mudança no legislativo municipal ocorrida em 2009 e o próprio fechamento da empresa.

proprietárias impõem a aceitação de uma série de licenças e patentes que implicam um alto custo de implantação/manutenção e em restrições no uso da tecnologia. Por conta disso, a utilização de solução proprietária de transmissão de áudio pela internet torna-se inadequada para iniciativas institucionais públicas e comunitárias, especialmente para aquelas que visam fortalecer as escolas públicas, dotando-as da capacidade de se tornarem centros de produção de rádio como forma de propiciar aos estudantes a oportunidade de experimentar, vivenciar, valorizar, produzir e divulgar a cultura local para o mundo pela internet, contribuindo para uma formação mais ampla e diferenciada da Educação instituída (vide capítulo 3).

Nesse sentido, a perspectiva que adotamos para a Educação, de intensificar os processos colaborativos e coletivos sem descuidar do importante trabalho de reflexão individual, encontra no software livre uma total sintonia. Liberdade é sempre a questão-chave. Nesse caso, é necessário libertar-se das licenças de uso dos softwares e dos *royalties* das patentes embutidas em algoritmos de compactação/descompactação (codec) de áudio proprietários, como o MP3, bem como dos demais softwares envolvidos nas transmissões; e essa liberdade é possível através do uso de softwares livres e de codecs livres de patente.

Mas a questão não se resume à dimensão técnica. É fundamental que esse conteúdo produzido possa ser utilizado livremente, sem amarras legais relativas aos direitos autorais ou direitos de transmissão. Para isso, é básica a colaboração entre profissionais da Educação, da comunicação, da Engenharia e da Ciência da Informação e Computação, no sentido de, colaborativamente, aperfeiçoar os mecanismos de comunicação disponíveis para a Educação e a Cultura.

Hoje, para cada um dos elementos principais da arquitetura de transmissão de rádio web, há um software livre disponível, não tendo, obviamente, se esgotado as possibilidades, já que ainda existe, e sempre existirá, a necessidade de novos softwares dotados de interfaces gráficas bem projetadas para aumentar a facilidade de uso. Para um melhor entendimento de como esse processo pode se constituir, destacaremos adiante uma das formas de implantação de uma rádio web e os softwares necessários utilizando-se da experiência contínua de construção e manutenção da Rádio Faced Web[13] iniciado em 2004.

O sistema operacional Debian GNU/Linux[14] foi escolhido por ser uma plataforma que proporciona robustez e segurança. Escolher uma distribuição GNU/Linux entre todas as outras é motivo de discussões infindáveis. Entretanto, essa distribuição GNU/Linux mostrou-se a mais adequada para os objetivos desse projeto, em razão de seus compromissos institucionais, apresentados explicitamente na página do projeto[15] e da sua integração com a comunidade acadêmica mundial. Junte-se o fato de essa distribuição oferecer mais de 25 mil pacotes de softwares livres diversificados, prontos para uso. Desse conjunto, visando a transmissão de áudio pela internet, escolhemos trabalhar com os pacotes Ices2 e Icecast. O Icecast equivale à antena transmissora de uma rádio convencional e o Ices2 seria o equipamento que gera o sinal de rádio no estúdio; por isso ele é executado no computador que contém a programação de áudio a ser transmitida. Essa programação pode ser ao vivo ou gravada, uma vez que o Ices2 gera o fluxo de dados de áudio (*stream*) que constitui a transmissão de rádio pela web, a partir de arquivos gravados em disco ou das entradas de som do próprio computador. Esse, por sua vez, conecta-se com o servidor de distribuição de mídia, com o software Icecast,[16] que pode estar instalado no

---

[13] Disponível em: <http://www.radio.faced.ufba.br>.
[14] Disponível em: <http://www.debian.org>.
[15] Disponível em: <http://www.debian.org/social_contract>.
[16] Num segundo momento do projeto da rádio Faced Web, começamos a analisar o software Liquidsoap (http://savonet.sourceforge.net), um novo software livre para a geração de *streams* de áudio desenvolvido para a rádio web do campus da École Normale Supérieure de Lyon. Esse software pode substituir o Ices2 como gerador da transmissão de áudio em cenários onde houver necessidade de recursos mais sofisticados, versatilidade e facilidade de automação.

mesmo computador do Ices2 ou em outro computador acessível pela internet.

Formato de som a utilizar

Uma questão que se faz presente nas atuais discussões sobre a rádio web livre é que tipo de formato de arquivo de áudio deve ser utilizado. Pode-se e deve-se usar o formato MP3, conhecido em praticamente todo mundo (e que já virou inclusive sinônimo de música, de som e até mesmo de aparelho tocador de música). É necessário, então, que avancemos um pouco mais sobre o significado dos formatos e das chamadas compactações de arquivos de som.

Um aspecto importante é compreender o que significa um algoritmo de compactação, porque a compactação acontece e de que forma a indústria conseguiu pegar, por exemplo, um enorme arquivo de áudio de 10 megabytes e reduzi-lo para um megabyte, jogando fora uma grande quantidade de detalhes da sonoridade, considerados inaudíveis para a maioria das pessoas. Essa perda de qualidade vem acontecendo desde o processo de mudança do vinil para o CD até os dias de hoje, com o chamado MP3.

É importante salientar, também, que a migração do analógico para o digital não é garantia de qualidade, uma vez que ganhamos músicas sem chiados, mas perdemos a riqueza dos timbres graves, por exemplo. Existe uma distância muito grande entre a experiência de se ouvir o som emitido por um violoncelo ao vivo, onde a corda vibra na madeira e gera o som que percebemos em todo o nosso corpo, ou as músicas do vinil, que depois virou CD, e, aquela compactada nos aparelhos de áudio portátil, reduzida a uma onda com vibrações muito mais pobres do que o som original. O uso de arquivos MP3 para ouvir música cresce sem uma reflexão sobre a qualidade do que se está ouvindo e, com isso, pode-se estar criando uma geração de "míopes" musicais. Por analogia, considere o formato ZIP utilizado na compactação de um arquivo de texto. Quando descompactamos o arquivo zip (com o comando "unzip") obtemos o arquivo texto original, pois o algoritmo de compressão utilizado no formato ZIP não admite perda de dados. Se, por hipótese, fosse utilizado algo como o MP3, ao compactarmos o texto original, teríamos um arquivo menor, mas, depois de descompactado, encontraríamos um arquivo diferente do original, com a exclusão das frases menos relevantes, que teriam sido descartadas para reduzir o tamanho do arquivo. Claro que isso não seria aceitável, uma vez que não concordaríamos que um algoritmo de computador pudesse decidir que frases de um texto são ou não relevantes. O mesmo se aplica para o caso da música, já que fica a critério do algoritmo a decisão sobre que frequências de uma música são inaudíveis para a média da população e podem, portanto, ser cortadas. Assim, estamos formando uma geração que vai perdendo cada vez mais a sua capacidade de perceber e distinguir os diversos sons, compensando isso com o aumento de intensidade no volume e a colocação de fones de ouvido que fazem com que se tenha a sensação de que a qualidade do som seja boa. Mas essa, sem dúvida, é outra e interessante discussão sobre a qual não nos deteremos demais aqui. O fato é que a compactação com perdas tem sido um mal necessário para viabilizar a distribuição de multimídia pela internet, e isso vem promovendo uma intensificação na distribuição de produtos culturais nunca antes vista pela humanidade.

Compreendido esse aspecto, é necessário tomar decisões sobre quais formatos adotar em projetos de rádios web, entre os disponíveis. Durante algum tempo, o formato MP3 foi a única alternativa existente viável de distribuição de áudio pela internet e, por isso, a maioria esmagadora de *players* (tocadores) o suporta. Entretanto, a situação atual é bem diferente, uma vez que vários outros formatos já estão disponíveis, dentre os quais o formato Ogg Vorbis, que se destaca pela qualidade, por ser livre de patentes e ser suportado por diversos *players*, sendo também utilizado em transmissões de vídeo pela internet com o codec Theora. Não resta a menor dúvida que essa opção é trabalhosa, pois caminha no sentido contrário ao dos movimentos em torno das soluções proprietárias. Essa se configura como uma ação afirmativa em favor dos formatos abertos e serve também como divulgação desse formato no meio acadêmico, ainda muito preso a formatos proprietários, os quais, frequentemente, exigem o uso de aplicações ou bibliotecas de softwares também proprietários. O apoio ao formato Ogg Vorbis (ou outros equivalentes e livres) faz parte de um esforço maior pela liberdade de expressão em nossa sociedade, que também está sendo seguido nas discussões, por exemplo dos formatos abertos de texto que adotou o formato ODF.[17]

Várias experiências de "geração" de rádios web necessitam "alcançar" seus ouvintes, que muitas vezes não estão usando softwares livres e podem não ter a capacidade de ouvir uma transmissão no formato Ogg Vorbis por causa da ausência de programas compatíveis (os tais *players*). Portanto, torna necessário um esforço adicional na divulgação de tocadores de mídia (programas instalados no computador do usuário, também denominados de programas clientes) compatíveis com esse padrão, como é o caso do multiplataforma VLC[18] que, nesse momento, se apresenta como a alternativa mais viável, em função da sua simplicidade e qualidade técnica.

Uma alternativa para diminuir a tensão entre o usuário da rádio e o sistema é a utilização de um *player* construído como um aplicativo *java* que fica integrado à página web da transmissão no formato Ogg Vorbis.[19]

Também é possível pensar em outra situação, importante para os projetos educativos e culturais, que é o aperfeiçoamento de uma solução que garanta a alternância entre transmissão ao vivo e programação pré-gravada. Nessa linha, o software livre LiquidSoap desempenha bem esse papel e nas páginas do nosso projeto detalhamos mais essa alternativa.[20]

---

[17] O ODF (OpenDocument Format) é um formato de arquivo aberto e público para aplicativos de escritório como processadores de texto e planilhas eletrônicas. Ele garante que os arquivos do usuário dos programas de escritório sempre sejam acessíveis, independentemente da versão do programa ou o fornecedor do software. Em 12/05/2008 o formato ODF foi aprovado como norma brasileira NBR ISO/IEC 26300:2008.

[18] Disponível em: <http://www.videolan.org/vlc/>.

[19] Dois exemplos desses são os softwares Cortado e o Jorbis. Disponíveis em: <http://www.flumotion.net/cortado> e <http://www.jcraft.com/jorbis>, respectivamente.

[20] Disponível em: <http://www.radio.faced.ufba.br> e <http://savonet.sourceforge.net>.

Outra importante dimensão dos projetos de rádio web é a produção dos programas propriamente ditos. Isso demanda uma série de softwares e de outros periféricos, tais como microfone, caixa de som, mesa de som, fone de ouvido, cabos, conectores e adaptadores. Destacamos aqui o Audacity, um software livre editor de áudio multiplataforma (GNU/ Linux e Windows também), que permite trabalhar com múltiplas faixas de áudio simultaneamente e com vários formatos de arquivos de áudio como o Ogg Vorbis, WAV, MP3, entre outros.

Uma das principais características do atual estágio de desenvolvimento dos sistemas de comunicação é a mudança da lógica da transmissão das emissões que deixam de ser síncronas – aquelas em que o ouvinte está ligado na emissão no mesmo momento em que ela ocorre – para as "transmissões" assíncronas, aquelas que disponibilizam seus conteúdos de forma que os usuários possam executá-los ou gravá-los em seus computadores desvinculando o tempo de emissão do tempo de recepção. Isso permite que o ouvinte tenha a liberdade de montar a sua programação preferida, de forma que nem mesmo podemos denominar esse evento de transmissão. Esse processo passou a ser denominado de *podcasting*. A primeira utilização da denominação *podcasting* é atribuída ao jornal britânico *The Guardian*, em fevereiro de 2004 (WIKIPÉDIA, 2007). A palavra *podcasting* faz alusão a iPod e a *broadcasting*. O iPod é uma linha de aparelhos da empresa Apple, dos EUA, que pode ser classificado como tocador de som digital (*media player* ou *player*) com suporte aos formatos MP3, ACC e AIFF. *Broadcasting* é a transmissão de uma emissão como as de rádio e televisão, de forma não interativa, num modelo um para vários. Não resta dúvida que o termo *podcasting* associado ao aparelho da Apple é uma má denominação, pois o áudio não se limita a ser escutado apenas nele. No entanto, concretamente, essa foi uma denominação que ganhou espaço e, atualmente, ninguém mais a associa ao aparelho iPod, e sim a qualquer arquivo de texto, áudio ou vídeo disponível para o usuário recebê-lo quando desejar. Melhor seria, no entanto, a denominação *audiocasting*.

Audiocasting é, portanto, a distribuição de uma sequência de arquivos de mídia digital (áudio ou vídeo) sobre um determinado tema. A distribuição que caracteriza o *audiocasting* é feita através de um download automatizado dos arquivos após a assinatura de um serviço específico denominado de *web feed*. O download é feito sempre que novos dados formatados como uma *web feed* são recebidos pelo software cliente, conhecido como agregador de feeds ou *feed reader* (Firefox, Thunderbird, Rhythmbox, etc). O RSS (*Really Simple Syndication*) é um dos formatos de *web feed* mais comuns, mas existem outros formatos como o Atom. Esse pequeno arquivo RSS é recebido pelo *feed reader* de acordo com as assinaturas feitas, e o download acontece toda vez que o arquivo for atualizado, informando imediatamente o assinante, que, assim, não necessita sair pela internet na busca dessa nova informação.

A implantação de *audiocasts* em projetos de rádio web, especialmente para a Educação e a Cultura, é muito importante porque, enquanto o rádio web com transmissão por *streaming* (comunicação síncrona) mantém a lógica de distribuição de conteúdo, demandando ao usuário estar presente no momento da transmissão, o *audiocast* (comunicação assíncrona) possibilita que o usuário receba a informação ou o próprio conteúdo desta sem estar "presente" no momento da atualização do mesmo.

O crescimento do uso do *audiocast* foi vertiginoso no mundo todo. Apenas no site Podcast Alley[21] havia mais de 2.600 "*podcasters*" inscritos em maio de 2005, sendo que, em fevereiro de 2009, esse número passou para 55.303 *podcasts*, mais 212.266 comentários e mais de três milhões de episódios. Uma pesquisa feita nos Estados Unidos pela Pew Internet and American Life Project mostrou que seis milhões de pessoas já haviam baixado *podcasts* para os seus iPods em 2005, sendo que a empresa de marketing Forrester prevê que, em 2010, 12,3 milhões de pessoas usarão aparelhos digitais para ouvir *podcasts* (WERNECK, 2005).

---

[21] Disponível em: <http://www.podcastalley.com>.

Na solução para o *audiocast* da Rádio FACED Web, foi utilização o software Cortado Player[22], software livre licenciado sob a licença General Public License (GPL)[23], que possibilita que a própria página Web possa agir como cliente de um servidor de *streaming* ou como um tocador de um arquivo local, sem a necessidade de instalação de um *player* no computador do visitante do site.

Para a solução da Rádio Faced Web, criou-se uma *TwikiApplication*, que possui a facilidade de estar totalmente integrada com o site da rádio, que já era desenvolvido em Twiki.

Essas são algumas das possibilidades e das especificações que podem contribuir com a instalação e uso de rádios web em projetos educacionais e comunitários. Sabemos que a dinâmica do movimento do software livre pode deixar que um capítulo como esse fique "velho" muito rapidamente, mas mesmo assim optamos por descrever e analisar os procedimentos de implantação de um rádio web com software livre por acreditarmos que, a partir dessa experiência, novas possibilidades possam ser criadas e ampliadas por cada um dos leitores. Essa é a nossa expectativa e, de certa forma, a de todos os participantes do conjunto desse livro.

Referências

BERG, J. S. *On the short waves, 1923-1945: broadcast listening in the pioneer days of radio*. Jefferson, N.C., McFarland & Co, 1999.

CASTRO, Cosete; TOME, Takashi. (Org.). *Mídias digitais: convergência tecnológica e inclusão social*. 1. ed. São Paulo: Paulinas, 2005, p. 199-224

DEL BIANCO, N. R. E tudo vai mudar quando o digital chegar. In: BARBOSA FILHO, André; PIOVESAN, Angelo Pedro; BENETON, Rosana (Org.). *Rádio: Sintonia do Futuro*. São Paulo: Paulinas, 2004, p. 307-324.

---

[22] Disponível em: <http://www.flumotion.net/cortado>.

[23] Disponível em: <http://www.gnu.org/licenses/licenses.pt-br.html>.

FSF. *The GNU operating system: free as in freedom*. 2007. Disponível em http://www.fsf.org, acesso em 02/06/2007.

GILDER, G. *Life after televison*. New York: W.W. Norton & Company, 1994.

HACKERTEEN. *Ética hacker*: Sérgio Amadeu e HackerTeen disponibilizam gratuitamente o material. 2007. Disponível em <http://www.hackerteen.com/pt-br/link/etica-hacker.html>. Acesso em: 09 de maio de 2009.

HOINEFF, N. *TV em expansão*. Rio de Janeiro: Record, 1991.

INDYMEDIA. *Transmissão de áudio pela Internet e Web Rádios*. 2007. Disponível em <http://docs.indymedia.org/view/Sysadmin/WebRadiosPt>. Acesso em: 07 de junho de 2007.

LEVY, Steven. *Hackers*: heróis da revolução do computador. New York: Dell Publishing Co., 2001.

MOTA, M. R. P. Os desafios da TV digital no Brasil. In: BARBOSA FILHO, André;

O ESTADO DE S. PAULO. Televisão na Finlândia já é 100% digital. Disponível em <http://txt.estado.com.br/editorias/2008/05/25/eco-1.93.4.20080525.25.1.xml>. Acesso em 20 de junho de 2008.

PRETTO, N. L. *Uma escola sem/com futuro: Educação e multimídia*. Campinas: Papirus, 1996.

PSLBA, P. S. L. B. *Cartilha de software livre*. 2007. Disponível em <http://wiki.dcc.ufba.br/PSL/CartilhaSLbr/bin/view/PSL/CartilhaSL>. Acesso em 02 de junho de 2007.

SOUSA, M. B. Evolução tecnológica da radiodifusão. In: XXV Congresso Brasileiro de Ciências da Comunicação, 2002, Salvador. CD XXV Congresso Brasileiro de Ciências da Comunicação, 2002. v. 1.

TEZA, M. L. *Pão e Liberdade*. 2002. Disponível em <http://www.softwarelivre.org/articles/40>. Acesso em 20 de junho de 2008.

TRIGO-DE-SOUZA, L. M. Rádio & Internet: o porquê do sucesso desse casamento. In: BARBOSA FILHO, André; PIOVESAN, Angelo Pedro; BENETON, Rosana (Org.). *Rádio: sintonia do futuro*. São Paulo: Paulinas, 2004, p. 289-305.

WERNECK, G. *Podcast, o blog em MP3, vira negócio nos EUA*. 2005. Disponível em <http://www.link.estadao.com.br/index.cfm?id conteudo=3639>. Acesso em 20 de junho de 2007.

WIKIPÉDIA. *Adam Curry*. 2006. Disponível em <http://pt.wikipedia.org/wiki/Adam Curry>. Acesso em 18 de março de 2007.

O projeto da Rádio Faced Web contou com a participação dos bolsistas de Iniciação Científica (IC) Alexandre Amorim, Carla Sardeiro, Fabricio Santana, Adriana Cerqueira, Géssica Aragão, Monica Paz, Tiago Figueiredo, Bruno Gonsalves, Aton Figueir e Darlene Almada. Projeto com apoio do CNPq através de bolsas de IC e do Projeto de Pesquisa Políticas Públicas em Educação e Tecnologias da Informação e Comunicação, bolsa PQ/CNPq (2007/2010) e IC/CNPq.

A rádio web universitária como modalidade educativa audiovisual em contexto digital
Os casos da Espanha e de Portugal

Marcelo Mendonça Teixeira, Juan José Perona Páez e Mariana Gonçalves Daher Teixeira

O rádio foi criado há mais de 100 anos, resistiu ao tempo e consolidou-se como um eficiente veículo de comunicação de massas na era da cibercultura. Para Silva e Pinheiro (2006, p. 2), "não restam dúvidas que a internet e o seu sistema de informação World Wide Web representam a modalidade comunicativa que marca a nova era geracional, a comunicação em ambiente virtual", potencializando na Educação a formação de comunidades de aprendizagem. São os tempos da convergência dos *media*, em que os instrumentos tornam-se cada vez mais compactos, concentrando em si as mais diversas formas de contato temporal com a mensagem informativa sonora, audiovisual ou em texto, permitindo a interatividade em sua concepção mais abrangente, (BARBOSA FILHO, 2003). Segundo Cordeiro (2004), foram redefinidas as estratégias de comunicação dos meios de massa, criando práticas inovadoras de transmissão da informação no século da comunicação interativa.

Para Castells (2002), a comunicação mediada pela internet é um fenômeno demasiado recente para permitir à investigação acadêmica chegar a conclusões concretas sobre o seu significado social. Entretanto, para a Educação, o rádio na web vem se consagrando como um importante instrumento auxiliar e de apoio às aulas, liderando um conjunto de experiências que têm sido desenvolvidas em diferentes países, entre eles, Portugal, Espanha e o Brasil. Essas experiências vão muito além do potencial instrutivo e formativo que historicamente se tem conferido nas instituições de ensino. Trata-se de experiências que combinam aulas, debates e cursos de formação on-line nas mais diversas áreas do conhecimento.

De acordo com Perona e Barbeito (2007), o rádio é um instrumento formidável para melhorar a expressão oral e a capacidade criativa entre os alunos, e no desenvolvimento de atividades educativas como extensão das aulas fora dos espaços escolares. Ademais, muitos de seus produtos contribuem para ampliar o conhecimento sobre o entorno político, econômico, social, cultural e natural que envolve os estudantes e, para tanto, para melhorar sua relação com todo aquele que lhe rodeia. Dadas a suas características, apresenta múltiplas possibilidades de exploração dentro e fora das salas de aula.

No final da década de 1990, a passagem para um novo milênio apresenta novos desafios para a comunicação social em geral e a rádio em particular (OLIVA, 2006). Nesse período, surgem, nos diferentes níveis de ensino, os primeiros projetos do rádio na web com fins educativos, os quais acabam por configurar um cenário no qual convivem diferentes iniciativas tanto em *educação em rádio* como em *educação com rádio*.

Entre esses projetos têm destaque as rádios escolares cujas emissões fazem-se através da internet, com um importante papel já estabelecido na Espanha, em especial, na Comunidade Autónoma da Catalunha. Nesse sentido, o projecto Xtec Ràdio (Xarxa Telemàtica Educativa de Catalunya) pretende fazer do rádio um meio de comunicação escolar dentro dos centros educativos e no ambiente ao seu redor.[1]

As experiências radiofônicas têm crescido exponencialmente nos últimos anos não só na Espanha, mas em outras

---

[1] Disponível em: <http://phobos.xtec.cat/audiovisuals/radio>.

partes do mundo. Na Colômbia, por exemplo, desde o portal Red Académica (Alcaldía Mayor de Bogotá) tem-se incentivado o uso do rádio como uma ferramenta que favorece a criatividade e dinamiza os processos pedagógicos, comunicativos e organizativos das instituições e introduz uma nova linguagem no processo de aprendizagem que favorece a interação e as inovações educativas.[2]

No campo da Educação superior, destaca-se, de igual modo, o desenvolvimento das rádios universitárias na web, como a Radio UNED (Universidade Nacional de Educação a Distância); a 98.3 Radio (Universidade de Navarra); a Radio Campus (Universidade de La Laguna); a Radio Complutense (Universidade Complutense de Madrid); a Radio Universitária de León; a UPF Radio (Universidade Pompeu Fabra); a Radio Universidade (Universidade de Salamanca); a EUB-Radio (Universidade de Barcelona); a Villaviciosa Radio (Universidade Europeia de Madrid); a UPV Radio (Universidade Politécnica de Valência); a Uni Radio (Universidade de Huelva); a Radio UHM (Universidade de Alicante); a Radio Autónoma (Universidade Autônoma de Madrid) e a Radio ECCA (Fundação Rádio ECCA).[3]

Em Portugal, as rádios universitárias saíram da notoriedade em finais dos anos 1990, e hoje, cinco rádios encontram-se em evidência no país: a Rádio Universitária de Coimbra, a Rádio Universidade Marão (também conhecida como Universidade FM), a Rádio Universitária do Algarve, a Rádio Universitária da Beira do Interior e a Rádio Universitária do Minho, cada qual com objetivos semelhantes, mas com características distintas.[4]

A interatividade das mídias em ambiente virtual em conjunto com áudio, vídeo e texto fazem da rádio web um excelente instrumento pedagógico, permitindo que este se converta num

---

[2] Disponível em: <http://www.redacademica.edu.co>.
[3] Os links para essas rádios estão no final desse capítulo.
[4] Os links para essas rádios estão no final desse capítulo.

recurso educativo original e em crescente uso por parte das instituições de ensino. Segundo Leão (2007, p. 47), "uma rádio que atende aos interesses da população responde aos gostos e necessidades de serviços de comunicação, estando centrada na vida social, econômica, política e cultural de sua área de abrangência em tudo que ocorre em seu exterior e que tenha repercussões na vida da comunidade".

Uma matéria da *Revista Rádio & TV*, em 1997, referida em Prata (2008a), já afirmava que as emissões do rádio na internet proporcionavam novas experiências para os amantes da radiofonia. Pessoas distantes geograficamente utilizavam o e-mail da rádio para enviar mensagens aos amigos e familiares, e estas eram "colocadas no ar" pelos locutores. Além de agilizar o trabalho comercial da emissora, a emissões via internet também aproximavam a rádio dos seus ouvintes, fortalecendo seu caráter social.

Independentemente das experiências acima exemplificadas, a internet também tem propiciado o surgimento e a consolidação de projetos educativos em comunicação audiovisual. No caso da rádio, uma das webs mais interessantes nesse sentido é a Media Radio, um recurso on-line do Centro Nacional de Comunicação e Informação Educativa (CNICE-España), que se destina especialmente a estudantes do ensino secundário espanhol, tratando em profundidade todos os aspectos relacionados à comunicação radiofônica. Em suas nove seções temáticas fornece conhecimentos suficientes para compreender e experimentar o meio rádio e também refletir sobre suas possibilidades informativas e expressivas.

Algumas das seções incorporam atividades interativas que facilitam a aprendizagem. Media Radio, convertida em um espaço de referência em toda América Latina, conta com eficazes ferramentas complementares, tal como um glossário de termos radiofônicos, um autoavaliador e uma compilação da bibliografia mais significativa sobre rádio, assim como um simulador para a realização de práticas subjacentes.

Modalidades de rádio educativa

Para se classificarem as diferentes emissoras de rádio, normalmente podem ser utilizadas como critério sua programação, a titularidade, a cobertura territorial ou a língua. É possível ainda distinguir entre redes generalistas, especializadas e/ou mistas, mas também, e de forma muito mais específica – sobretudo no âmbito das temáticas –, entre emissoras musicais, religiosas, informativas, educativas, entre outras.

Entretanto, como já referido em outra ocasião (PERONA; BARBEITO, 2007), defender a existência de rádios educativas em sentido estrito não parece ser apropriado. Em sintonia com apreciações como as de Merayo, Perona Páez e Veloso (2007, p. 18) percebemos uma tipologia para as rádios com vertente cultural e educativa – comunitárias, populares, formativas, municipais, escolares e universitárias. Segundo esses autores, "no obstante, odas parecen compartir un rasgo común: intentan alcanzar objetivos no comerciales y se orientan especial y directamente hacia una finalidad de carácter social".[5]

Por essa razão, nos parece mais adequado falar de modalidades de rádio educativa, incluindo as diferentes interpretações referidas por Merayo. Logicamente, essa argumentação nega a existência de rádios educativas, mas não a de estações de índole diversas – além das já citadas, poderiam incluir-se também as escolares, as universitárias, as comunitárias, as municipais – nem a de programas cuja principal finalidade é educar com conteúdos específicos. Tampouco rejeita o conceito de rádio com fins educativos. Por outro lado, o marco das modalidades de rádio educativa envolve todo tipo de ações que, por exemplo, as administrações públicas vêm desenvolvendo para fomentar a Educação em comunicação audiovisual, como o caso já visto da Media Radio, aproveitando as possibilidades da convergência tecnológica na era digital.

---

[5] Não obstante, todos parecem compartilhar um traço comum: tentam alcançar objetivos não comerciais e se orientam especial e diretamente por uma finalidade de caráter social.

Na atualidade, entendemos que as distintas modalidades de rádio educativa seriam as seguintes: emissoras de centros educativos, emissoras formativas, socioformativas, programas educativos e "edu-webs" radiofônicas.

Emissoras de centros educativos

Sob essa denominação incluir-se-iam todas aquelas estações de rádio que surgem em um centro educativo, independentemente de que no referido centro se destaquem conteúdos do ensino básico, secundário ou universitário. Essas emissoras, muitas das quais transmitem pela internet, contam com grades de programação que, no caso das escolas, costumam estar compostas de espaços adaptados a cada etapa formativa e ter conteúdos integrados basicamente nas áreas de línguas, conhecimentos do meio e de música, recitais de poesia, contos, adivinhações, trava-línguas, receitas de cozinha, entrevistas a personalidades locais, reportagens com intuito de celebrações tradicionais – Natal, Carnaval, etc. –, ou comentários sobre a atualidade, são apresentados em conformidade.

Os centros de ensino básico e secundário que possuem uma emissora escolar costumam envolver todos os alunos, pelo que as atividades radiofônicas são objeto de planejamento, execução e avaliação (GODOY JÚNIOR *et al*, 2007). No caso das emissoras universitárias, uma de suas principais características é a sua programação em mosaico, com uma oferta extremamente diversificada composta de numerosos espaços, nos quais cabe todo tipo de gêneros e temáticas.

Emissoras formativas

Trata-se de todas aquelas estações que apresentam uma programação de caráter fundamentalmente docente, pelo que seu espírito é claramente formativo. Na Espanha, por exemplo, os expoentes máximos dessa modalidade se encontram na Radio Ecca e, em menor medida, na rádio da UNED. A Radio Ecca apresenta uma oferta ampla, sendo que nela se podem encontrar cursos de formação básica (alfabetização, cultura popular, formação em línguas, ortografia, etc., e graduação em Educação secundária), bacharelado, aula aberta (economia e administração, formação de professores, idiomas, novas tecnologias, intervenção psicossocial, meio ambiente, tempo livre e saúde) e formação profissional (ocupacional e contínua).

A rádio UNED é transmitida através do sistema de Rádio e Televisão Espanhola, em ondas abertas, através da Rádio 3 FM (RNE), em horários específicos e durante o período letivo (de outubro a maio). Os programas ficam disponíveis para serem baixados pela portal da Uned (TeleUNED). O baixo custo, comparado com outros meios, subjacente ao funcionamento de uma emissora de rádio contribuiu para que, durante a segunda metade do século XX, surgissem rádios formativas em muitas zonas do planeta, sobretudo nas áreas mais carentes, onde ainda hoje os estudantes devem percorrer até 100 quilômetros para assistir às aulas. "O rádio, como um meio de comunicação de massas eficiente e economicamente acessível, tornou-se num espaço alternativo para a Educação, alfabetizando as pessoas nos lugares mais inesperados" (ARTEAGA, 2004).

Emissoras socioformativas

Aqui se poderiam englobar todas as estações que, sem ter uma programação estritamente docente, apresentam uma oferta composta por espaços de Educação em valores, Educação para a saúde, Identidade cultural, entre outros. As redes comunitárias e outras estações que surgiram no seio das sociedades em via de desenvolvimento constituem o conjunto dessas emissoras, especialmente na África e na América Latina. A Rádio Watana (Moçambique), a Radio Xejmn – a voz dos quatro povos (México), a Rádio Favela (Brasil) são alguns exemplos ilustrativos desses tipos de emissoras, como também a Rádio Pública Africana (Burundi), cujo fundador, o jornalista Alexis Sinduhije, garantiu em uma recente entrevista que seu objetivo maior "era dar a palavra aos que não possuíam voz" (EL PAÍS SEMANAL, 2008, p. 33).

Nos países desenvolvidos, também existem emissoras (comunitárias, livres, associativas, etc.) que têm por objetivo promover uma programação alternativa às grandes cadeias de rádio, com conteúdos de interesse político, social e cultural mais próximos da cidadania e com formas mais populares de acesso e participação.

Programas educativos

A aposta de algumas emissoras de rádio por incluir em suas grades conteúdos destinados à população infantil é outra maneira de explorar as possibilidades educativas que o meio oferece. Entretanto, mesmo considerando o alto valor pedagógico demonstrado por espaços como Patim Patam Patum (pertencente a já extinta Catalunya Cultura) ou Plis Plas (Radio Galega), ambos na Espanha, observa-se que esses programas têm desaparecido praticamente da oferta radiofônica generalista em muitos países.

Não obstante, as possibilidades interativas da internet estão favorecendo a emergência de fenômenos como o projeto COMRadio na Catalunha-Espanha, que desenhou o programa DiguesCom para fomentar a comunicação e a participação de jovens e, com isso, conseguiu que em um quadro do programa mais de 10 mil alunos de 180 escolas catalãs participassem, ao longo de 2007 e 2008, de uma experiência radiofônica cujo objetivo era o de "fomentar a comunicação, potenciar a difusão do meio e melhorar as habilidades linguísticas, tanto orais quanto escritas, dos jovens da Catalunha"[6].

Por outro lado, nos últimos anos, e graças às possibilidades que a rede oferece, temos assistido à consolidação de rádios web dedicadas exclusivamente ao público infantil, como a francesa Rádio Junior[7] ou a colombiana Colorin Colorradio.[8]

Edu-webs radiofônicas

Sob essa epígrafe, incluir-se-iam aquelas iniciativas que, através da internet, estão destinadas a trabalhar o rádio como um dos eixos principais para a Educação em comunicação audiovisual.

---

[6] Disponível em: <http://www.diguescom.cat>.
[7] Disponível em: <http://www.radiojunior.com>.
[8] Disponível em: <http://www.colorincolorradio.com>.

Nesse sentido, destacam-se projetos como os já comentados Media Radio (Espanha), Xtec Radio (Red Telemática Educativa de Catalunya – Espanha), o Radioclick (Colômbia). A essas experiências juntam-se diferentes webs, a título individual, de professores e outras pessoas interessadas por aquele meio, assim como as impulsionadas pelo meios de comunicação, como o caso da Edu3.cat, da Corporació Catalana de Mitjans Audiovisuals. Ao que foi dito pode-se incluir também o portal Publiradio.net (Espanha),[9] um aplicativo on-line sobre publicidade radiofônica concebido por vários docentes do Departamento de Comunicação Audiovisual e Publicidade da Universidade Autônoma de Barcelona.

O conceito de rádio web

Podemos definir a rádio web como a transmissão radiofônica na internet com tecnologia *streaming* (PRIESTMAN, 2002).[10] Em muitos casos, a emissão on-line (na web) é a reprodução integral do sinal herteziano, através de um computador pessoal, reproduz a emissão por IP (*Internet Protocol*), acessível a todos os que trabalhem no ambiente web. Os dados são enviados do PC por pacotes de áudio, vídeo, texto, imagens e outros para internet, que são armazenados na plataforma de rádio web e disponibilizadas para o público, e este tem acesso a um conjunto de recursos interativos (BURAFAH JÚNIOR, 2003). Rádio web ou web-rádio, designa uma estação de rádio que disponibiliza seu sinal para difusão na internet (PORTELA, 2006), não mais por uma frequência sintonizada no *dial* de um aparelho receptor de ondas hertzianas (PRATA, 2008b). Todavia, a principal diferença entre o rádio na web e o rádio hertezinao é a forma de acesso aos conteúdos radiofônicos que, quando realizado pelo computador, possibilita, potencialmente, uma ação interativa flexível e dinâmica, a qualquer hora e sem

---

[9] Analisado no próximo capítulo.
[10] "[...] processo de transmissão de áudio digital (ou vídeo) na Internet que pode ser ouvido ou visto em tempo real" (PRIESTMAN, 2002), conforme será visto em detalhes no próximo capítulo

limites geográficos. O ouvinte não só escuta, mas lê, escreve, assiste e participa ativamente dos programas da rádio, tendo ao seu dispor um conjunto de *medias* integradas, conclui Priestman (2002).

As rádios universitárias como objeto de estudo

Ao longo de sua história, o rádio vem desempenhando, como se tem observado, um importante papel para Educação em qualquer parte do mundo, por se tratar de um meio de comunicação de massas, flexível, interativo e de baixo custo, sendo eficaz no alcance de pessoas dispersas geograficamente: "Em 1923, havia mais de trinta universidades norte-americanas e européias que contavam com seus próprios serviços radiofônicos para os mais diversos fins" (PÉREZ, 2000, p. 2).

Os avanços tecnológicos experimentados no campo das Tecnologias de Informação e Comunicação (TIC) têm permitido, entre outras coisas, que as modalidades de rádio educativa venham passando por um notável desenvolvimento, além de estarem propiciando o surgimento de novas formas de criação, emissão e difusão. As emissoras de rádio nascidas no seio das universidades que constituem, como comumente se tem assinalado, junto com as rádios escolares, uma das modalidades mais conhecidas e difundidas de rádio educativa, não têm hesitado em explorar os novos recursos tecnológicos, o que se pode confirmar com a emergência de autênticas plataformas *on-line*, através das quais, independentemente de se poder escutar a programação habitual em tempo real mediante qualquer dispositivo conectado à internet, é possível ler notícias, participar de fóruns de discussão, opinar, visualizar os "rostos" das principais vozes das emissoras, personalizar a audição de programas já emitidos, "podcastear", entre outras coisas.

Desde o início, as rádios universitárias acompanharam a popularização do rádio, muitas vezes, representando os interesses da comunidade acadêmica e local como um espaço democrático.

A trajetória das rádios universitárias em muito se confunde com as rádios comunitárias. Podemos dizer que uma completa a outra em seu "compromisso social", ou mesmo que ambas exercem a mesma função, como um instrumento de comunicação comunitário. Leão (2007, p. 52) explica que as rádios universitárias participam na construção da cidadania e de identidades políticas, sociais e culturais das sociedades locais. A sua posição junto às fontes do saber e do conhecimento (as universidades) tornam-nas veículos receptores e difusores da inovação e da tecnologia por excelência".

Na Espanha, como já referido, coexiste um razoável número de emissoras universitárias que se caracterizam basicamente por apresentar uma oferta extremamente diversificada, composta por numerosos espaços, nos quais cabe todo tipo de gêneros e temáticas. Como exemplo, podemos citar a grade de programação da 98.3 Radio, da Universidade de Navarra, com 54 programas segmentados no ano de 2009 e com grande audiência em todas as camadas sociais do país.

Para além disso, as universidades são emissoras que também fomentam a "radiocriação" e acabam por consagrar-se como uma verdadeira alternativa aos conteúdos preponderantes da rádio generalista, onde se podem encontrar grandes conjuntos de informação e entretenimento. São, igualmente, uma clara alternativa àqueles outros conteúdos que protagonizam a oferta especializada, cuja música e, principalmente, o formato *contemporary hit* radio são a fórmula mais explorada.

A pesquisa que deu origem a este capítulo considerou importante analisar as experiências de rádio web no ensino superior espanhol e português e, aqui, será descrito em mais detalhes o caso da Rádio Universitária do Minho (RUM), em Portugal.

A Rádio Universitária do Minho

A RUM se insere no segmento "generalista", apesar de sua forte vertente cultural e educativa. Antes de tudo, é um órgão de comunicação social da comunidade acadêmica da Universidade do Minho e a "voz" da sociedade civil do Distrito de Braga, norte de Portugal. Possui uma estreita ligação com os departamentos e as unidades da UM, o que se torna evidente pelos conteúdos radiofônicos e pelas grades de programação. Dessa forma, faz parte integrante da estratégia de comunicação da universidade, envolvendo quase sempre a referida instituição nos seus projetos.

Com uma programação diversificada e segmentada, a RUM está voltada para um público de todas as idades, como um veículo de promoção e divulgação das atividades culturais, científicas e de apoio às aulas, apresentando-se como um modelo de rádio universitária inovador em Portugal, de acordo com Teixeira, Silva e Daher (2008). Segundo Antón (1997, p. 3),

> [...] a comunicação pública é um dispositivo de mediação educativa em dois sentidos: como transmissora de conhecimento e de influencia sobre o desenvolvimento geral de crianças e jovens, e como sentido de reprodução e continuidade da sociedade a que pertence o indivíduo, assegurando a coesão do grupo social.

Em 2006, a RUM acompanha a evolução natural dos *media* e passa a transmitir seus conteúdos radiofônicos na web. Surge, então, um projeto inédito de rádio universitária *on-line* "generalista" "formativa" e "informativa" em Portugal. Para o seu administrador, Vasco Leão, em entrevista ao autor, "a RUM lançou duas ferramentas cruciais no contexto da sua estratégia em conquistar e fidelizar novos públicos: o website e a emissão *on-line*". A consolidação da emissão on-line, em particular, revelou-se como uma alternativa aos "receptores convencionais", enfatizando a cultura, os debates sobre Educação, a Ciência, a Economia, a Política, as notícias, os informes locais, as crônicas, as entrevistas, as reportagens e, mais recentemente, cursos de formação em línguas estrangeiras e cultura popular. Nesse sentido, a grade de programação da RUM é renovada duas vezes ao ano, entre os meses de setembro/outubro e março, tanto para o formato on-line quanto para o convencional (hertziano). Os programas radiofônicos da RUM convencional são transmitidos ao vivo para o servidor da rede, e deste para web. Em paralelo, os programas são armazenados em *podcast*, com exceção das músicas pedidas pelos ouvintes.

Da grade de programação *on-line*, pode-se destacar alguns programas pelas potencialidades informativas de caráter formativo, dentre eles, *Magazine da Educação*, *Livros com RUM* (informação e reflexão sobre a atualidade literária portuguesa e internacional, com entrevistas de críticos, autores e especialistas em literatura), *Ciência para todos*, *Universidade Sem-Rumos* (promoção e divulgação das atividades culturais e científicas da Universidade), *Praça Município/Café com Blogs* (debate político sobre o cenário português, internacional e em particular, do Distrito de Braga), *Campus Verbal* (entrevistas e reportagens sobre o universo acadêmico da Universidade, além de funcionar como um laboratório de experimentação e produção radiofônica), *Rumor de Perdição* (espaço para descobrir novas ideias, tendências e movimentos criativos na cultural em geral, oferecendo sincronia com os ouvintes em tempo real por programa de comunicação instantânea), *Olhar no Feminino*, *Rumo Econômico*, *EcoRUM* e *Caixa de Ferramentas* (debates e entrevistas, serviços de apoio especializados para atender às peculiaridades da pessoa portadora de necessidades especiais, divulgação dos projetos que vêm sendo desenvolvidos, informes sobre os avanços tecnológicos, notícias e eventos acadêmicos sobre o tema).

Rádios universitárias na Espanha

O panorama radiodifusor espanhol é rico nesse tipo, e não são poucos os centros de Educação superior que contam com uma estação de rádio. Ressalta-se que, entre as rádios universitárias, tem destaque, por sua longa trajetória, a da Universidade Nacional de Educação a Distância (UNED) que, embora seja uma rádio basicamente formativa, devemos aqui considerar em razão de sua natureza.

Em 2008, as experiências mais significativas de rádio universitária na Espanha estão concentradas em cerca de 10 universidades (ver links ao final desse capítulo). Tal como já mencionado anteriormente, as emissoras universitárias espanholas são caracterizadas por apresentarem uma grade de programação heterogênea com relação aos conteúdos e revelam-se como outra opção à programação habitual das principais emissoras convencionais. De fato, no conjunto da rádio generalista espanhola, a informação e as revistas de entretenimento monopolizam 70% da oferta, enquanto o desporto concentra pouco mais de 10%. O restante da programação é reservado à música, a espaços de participação e, em menor medida, a Cultura, Educação, Religião e a outros gêneros minoritários como a ficção, que tem apenas uma presença esporádica nas emissoras universitárias e também nas públicas. Essa uniformidade programática, que se torna ainda mais notória se considerarmos que as diferentes redes optam por emitir os mesmos conteúdos a um mesmo horário, afeta a ampla maioria de emissoras, incluindo aquelas mais recentes.

Em relação às emissoras especializadas, o aumento do número de estações na década de 1990 não propiciou um enriquecimento da sua diversidade programática, visto que as programações dessas rádios continuam compostas majoritariamente por uma oferta que, no caso das músicas mais ouvidas, apenas dá lugar a uma dezena de formatos, em que predomina fundamentalmente o chamado *hit contemporâneo*, com músicas comerciais. Nesse contexto, as redes universitárias são, de igual modo, uma clara alternativa.

Na produção dos programas emitidos pelas rádios universitárias, participam ativamente os estudantes das respectivas universidades, especialmente os de Comunicação. Em alguns casos, como o da Villaviciosa Radio e o da Universidad Europea de Madrid, os alunos podem se envolver com a rádio através de práticas voluntárias para "aprender a desenvolver-se no meio, além de desenvolver sua imaginação e criatividade", conforme detalhado no seu website.[11]

Quando anteriormente falamos de oferta alternativa, nos referimos ao fato de que essas estações apostam na emissão

---

[11] Disponível em: <http://www.uem.es/es/que-pasa-en-la-uem/noticias/radio>.

de espaços que raramente têm presença em outros âmbitos radiofônicos e, nesse sentido, podemos citar como exemplo os programas de caráter social, especialmente aqueles que retratam a "exclusão social", a desigualdade, a pobreza, a disparidade e os excluídos. Ainda que no conjunto da rádio generalista espanhola a presença de programas destinados aos excluídos seja maior que na televisão, "qualitativamente, o impacto desses espaços, ao considerar o momento em que se dá a emissão, é mínimo". De fato, nas cadeias de âmbito estatal mais sintonizadas pela audiência (Ser, Cope, Onda Cero y RNE), a maioria deles se concentra nas denominadas "horas valle", em outras palavras, em faixas horárias nas quais a audiência radiofônica é minoritária e, em muitos casos, durante os fins de semana (PERONA, 2004, p. 4).

Entre os espaços destacados pelas emissoras universitárias para esses aspectos sociais, foram encontrados os programas *Un mundo mejor* e *Cruz Roja* da Universidade de Navarra, *Ahora cuentas tu* e *Desde la margen izquierda* da Universidade de Salamanca, *Fem societat* da Universidade de Barcelona e *La otra sociedad* da Universidade Complutense de Madrid.

Os programas de caráter formativo têm também uma presença de destaque na oferta das rádios universitárias espanholas, sobretudo e logicamente, na grade da Rádio UNED, que no decorrer de 2007/2008 veiculava programas destinados a estudantes de Filosofia Hispânica e Inglesa (*Aula de Filología*), Economia, Administração de Empresas, Turismo e Ciências Empresariais (*Revista de economia, empresa e turismo*), Direito (*El mundo del derecho*), entre outros. Na oferta radiofônica da UNED, também faziam parte da programação conteúdos de Formação Contínua (*Ponte al día*), de acesso à Universidade (*Curso de acceso*) e de informação geral sobre a Educação superior (*Informativo universitario*).

Paralelamente, nas restantes emissoras, também podemos encontrar espaços formativos, tanto para os estudantes quanto para qualquer cidadão, dentre os quais destacamos os programas *Con Ciencia en los bolsillos* e *Don de lenguas* (Universidade de Salamanca), *Aula 21* (Universidade de León), *Ona ciència* (Universidade Pompeu

Fabra) ou *Aula salud* (Universidade Autônoma de Madrid). A rádio da Universidade de Navarra, que se distingue por ter uma das grades mais completas, diversificadas e regular – relativamente à emissão continuada – do panorama radiofônico universitário espanhol, conta com inúmeros espaços desse tipo, tal como *Echando la vista atrás* (um espaço formativo sobre História), *Es de justicia* (Direito), *Economía y empresa*, *Historia de las ideas* (Filosofia), *La biblioteca* (Literatura), *Tirando de la lengua*, *Pensar la fe* (Teologia) ou *A ciencia cierta*.

Juntamente com os conteúdos examinados, no conjunto das rádios universitárias a música tem um papel fundamental, tanto que está presente em todas as estações de rádio. Os musicais são programas alternativos, nos quais cabe todo tipo de gêneros e estilos, ainda que apenas os *hits contemporâneos* sejam também explorados. As informações acerca da atualidade e as notícias geradas pelas universidades estão também presentes nas grades, com revistas como *Buenos días* (Universitade de Navarra) ou *El quiosc de La Rambla* (Universidade Pompeu Frabra). Não obstante, os mais abundantes são os informes especializados em literatura, teatro, música e, sobretudo, cinema, tais como: *Entrada Lliure* (Universidade Pompeu Fabra), *La siesta del fauno* (Univeridade Politécnica de Valencia), *Efecte Dominó* (Universidade de Barcelona), *Clásicos de cine*, *Carta de libros* e *Patio de butacas* (Universidade de Navarra) ou *Buscando leones entre las nubes* (Universidade de Salamanca). Os espaços dirigidos à poesia, são praticamente inexistentes na programação convencional das principais cadeias de rádio espanholas. Os de viagem e os étnicos também têm lugar na programação radiofônica universitária assim como outros de temáticas diversas como moda, tecnologia, automobilismo, cozinha, curiosidades, etc.

Conclusões

A Rádio Universitária do Minho vem acompanhando a evolução mundial das rádios universitárias como uma extensão da vida acadêmica e social do estudante dentro e fora da instituição de ensino, além da forte vertente cultural e educativa presente na grade de programação e nos cursos de formação presencial e on-line. Ao longo dos anos, tornou-se o meio de comunicação representante da sociedade civil do distrito de Braga, contribuindo para promover debates sobre temas de interesse público e divulgando os eventos culturais das cidades da região Norte Portuguesa. Apesar do ambiente favorável da RUM perante as demais rádios universitárias em Portugal, o formato "generalista" a mantém em desvantagem em relação a outros países, como a Espanha, onde a vertente educativa é mais presente.

Conforme uma tendência mundial, de acordo com as investigações que estão sendo realizadas pela equipe de pesquisadores da Publiradio.Net (Espanha), o rádio na web não deve estar apenas restrito a funções "generalistas", mas como uma interface participativa e uma ferramenta complementar na Educação das pessoas, ou seja, formativa e informativa.

Na Espanha, as emissoras universitárias têm se convertido em verdadeiras alternativas à programação das grandes cadeias de rádio generalista, extremamente motivadas por uma grande competência na produção da programação radiofônica. Nesse sentido, a análise efetuada tem revelado que as rádios universitárias espanholas apresentam uma oferta claramente heterogênea, na qual se mesclam espaços de caráter puramente formativos e informativos, voltados a todos os gêneros. Desse modo, forma-se um leque de opções, nos quais os temas são tratados sob abordagens muito diferentes que predominam no modelo convencional, favorecendo a formação de uma perspectiva crítica e solidária. Além disso, valendo-se das possibilidades interativas subjacentes à rede, as rádios universitárias parecem mostrar uma certa sensibilidade por garantir os direitos de acesso e participação, um aspecto cada dia mais negligenciado em outros âmbitos comunicativos.

O caráter alternativo das emissoras estudadas tem possibilitado abordagem de conteúdos que dificilmente seriam encontrados em outras rádios, como a problemática da exclusão social; a popularização da ciência e o conhecimento; assim como a música, o cinema, a literatura e a arte.

Por fim, Soldi de Souza & Alberto de Souza (2007) concluem que qualquer curso ou disciplina na escola ou na universidade, disponibilizada em ambiente virtual de aprendizagem, poderia fazer uso da programação radiofônica ou produzir, em uma estação de rádio local, conteúdos a serem compartilhados pelos alunos. Cabe simplesmente acreditar no potencial do rádio na internet e em suas potencialidades para fazer valer o sonho de Roquette-Pinto, transformando essa mídia definitivamente em um meio educativo.

Referências

ANTÓN, E. *La rádio educativa*. Salamanca: Universidad Pontificia de Salamanca, 1997.

ARTEAGA C. *et al*. La radio como medio para la educación. *Razón y Palabra*, 36. México, 2004

BURAFAH JÚNIOR, Á. Rádio na internet: Convergência de Possibilidades. Belo Horizonte: *Actas do XXVI Congresso Brasileiro de Ciências da Comunicação*, 2003.

CASTELLS, M. *A sociedade em rede*. Lisboa: Fundação Calouste Gulbenkian, 2002

CORDEIRO, P. *A Rádio em Portugal: um pouco de história e perspectivas de evolução*. Lisboa: Faculdade de Ciências Sociais e Humanas da Universidade Nova de Lisboa (Dissertação de Mestrado em Ciências da Comunicação), 2004.

BARBOSA FILHO, André. Pensando alto as perspectivas do rádio atual. *Revista de Economía Política de Las Tecnologías de Información e Comunicación*, 2003. Disponível em: <http://www2.eptic.com.br/arquivos/Revistas/Vol.V,n.2,2003/Andre.pdf>. Acesso em: 15 de jul. 2008.

GODOY JÚNIOR, Éssio de *et al*. *Rádio e Internet: uma nova perspectiva a serviço da Educação*. Rio de Janeiro: Relatório de Especialização em Tecnologias na Educação apresentado à Pontifícia Universidade Católica do Rio de Janeiro, 2007.

EL PAÍS SEMANAL. Madrid: Entrevista a Alexis Sinduhije, em 20 de Julho de 2008, p. 30-35.

LEÃO, V. *As rádios locais e o desenvolvimento territorial: as rádios universitárias*. Braga: Trabalho apresentado em seminário no Departamento de Geografia da Universidade do Minho, 2007

LÉVY, Pierre. *Cibercultura*. São Paulo: Ed. 34, 1999.

MERAYO, A. Identidad, sentido y uso de la rádio educativa. Salamanca: *Actas do III Congreso Internacional – Cultura y Medios de Comunicación*, 2000.

OLIVA, M. Panorámica de la educación en comunicación audiovisual. Em Quaderns del Cac, n. 25. Barcelona, 2006.

PÉREZ, A. Identidad, sentido y uso de la rádio educativa. Salamanca: *Actas do III Congresso Internacional – Cultura y Medios de Comunicación*. 2000.

PERONA, J. J.; BARBEITO, M. L. Modalidades educativas de la radio en la era digital. Madrid: Icono 14. *Revista de Comunicación Audiovisual y Nuevas Tecnologías*, 2007. Disponível em: <http://www.icono14.net/revista/num9/index_num9.html>. Acesso em: 25 mar. 2008.

PERONA, J. J. et al. Publiradio.net: creación de un aplicativo *on-line* como herramienta de soporte dentro de la nueva metodologia docente derivada de la implatación de los créditos ECTS. Barcelona: 2006. Actes *da III Jornades de Campus d'innovación Docent*.

PERONA, J. *Exclusión social, discapacitados y educación. Apuntes sobre el papel de los medios audiovisuales y de las TIC*. Madrid: Red Digital, n. 5. Centro Nacional de Información y comunicación educativa, 2004. Disponível em: <http://www.reddigital.cnice.mecd.es/5>. Acesso em: 10 jan. 2007.

PORTELA, Pedro. *Rádio na internet em Portugal: a abertura à participação num meio de mudança*. Dissertação (Mestrado em Ciências da Comunicação). Braga: Instituto de Ciências Sociais da Universidade do Minho, 2006.

PRATA, N. *Webradio: novos géneros, novas formas de interacção*. Tese de Doutoramento em Linguística apresentada à Faculdade de Letras da Universidade Federal de Minas Gerais, 2008a.

PRATA, N. A Webradio em Portugal. Natal: Actas *do XXXI Congresso Brasileiro de Ciências da Comunicação*. 2008b.

PRIESTMAN, C. *Web Radio – radio prodution for internet streaming*. Oxford: Focal Press, 2002.

SILVA, B.; PINHEIRO, A. Aprendizagem em rede: análise dos sistemas de gestão de aprendizagem na internet no ensino superior em Portugal. *Revista Estudios e Investigación en Psicologia e Educación*. Corunha: Universidade de Coruñha, 2006.

SOUZA, Iara Soldi; SOUZA, Carlos Alberto de. *O poder do rádio na era da Educação à distância*. Comunicação apresentada no XIII Congresso Internacional de Educação a Distância, realizado em Curitiva, de 2 a 5 de setembro de 2007. Disponível em: <http://www.abed.org.br/congresso2007/tc/53200713528PM.pdf>. Acesso em: 4 dez. 2008.

Supported by the Programme Alban - The European Union Programme of High Level Scholarships for Latin America. Scholarship nº E07M400899BR.

TEIXEIRA, M.; SILVA, B.; DAHER, M. RUM na web: potencialidades educativas. Santa Catarina, *Actas do IV Colóquio Luso-Brasileiro Sobre Questões Curriculares*, 2008.

Sites indicados

http://phobos.xtec.cat/audiovisuals/radio/
http://radio.uhm.es
http://recursos.cnice.mec.es/media/radio/index.html
http://reddigital.cnice.mecd.es/5
http://www.colorincolorradio.com
http://www.diguescom.cat
http://www.eubradio.org
http://www.icono14.net/revista/num9/index_num9.html
http://www.publiradio.net
http://www.radioecca.org
http://www.radiojunior.com

http://www.rcampus.net
http://www.redacademica.edu.co
http://www.redfm.gob.do/Programacion.htm
http://www.rua.pt
http://www.ruc.pt
http://www.rum.pt
http://www.uam.es/ra
http://www.ucm.es/info/radiocom/I.U.C.R-UCM/INICIO.html
http://www.uem.es/es/que-pasa-en-la-uem/noticias/radio
http://www.universidade.fm.pt
http://www.unav.es/98.3
http://www.uned.es/cemav/radio.htm
http://www.uhu.es/uniradio
http://www3.unileon.es/ondas
http://www.upf.edu/upfradio
http://www.upv.es/radiofi/
http://www.usal.es/~radiouni
http://www.radioecca.org

Relação das emissoras universitárias espanholas (2009)

EMISSORA	UNIVERSIDADE	ENDEREÇO ELETRÔNICO
EUB-Radio	Universidade de Barcelona	www.eubradio.org
La Radio de la UNED	Universidade Nacional de Educación a Distancia	www.uned.es/cemav/radio.htm
Radio Autónoma	Universidade Autónoma de Madrid	www.uam.es/ra
Radio Complutense	Universidade Complutense de Madrid	www.ucm.es/info/radiocom/ I.U.C.R-UCM/INICIO.html
Radio Campus	Universidade de La Laguna (Tenerife)	www.rcampus.net
Radio UHM	Universidade de Alicante	www.radio.uhm.es
Radio Universidad	Universidade de Salamanca	www.usal.es/~radiouni
Radio Universitaria	Universidade de León	www3.unileon.es/ondas
UniRadio	Universidade de Huelva	www.uhu.es/uniradio
UPF Radio	Universidade Pompeu Fabra (Barcelona)	www.upf.edu/upfradio
UPV Radio	Universidade Politécnica de Valencia	www.upv.es/radiofi/
Villaviciosa Radio	Universidade Europea de Madrid	www.uem.es/es/que-pasa-en-la-uem/noticias/radio
98.3 Radio	Universidade de Navarra	www.unav.es/98.3
Radio ECCA	Fundación Radio ECCA	www.radioecca.org

Fonte: Os autores

Publiradio.net
Desenho, desenvolvimento e avaliação de materiais didáticos *on-line* para a formação em comunicação

Maria Luz Barbeito Veloso

O profundo processo de mudança que estão vivendo as universidades espanholas com a sua incorporação ao Espaço Europeu de Educação Superior (EEES)[1] tem propiciado o desenvolvimento de instrumentos pedagógicos que complementam a implantação de novas metodologias docentes. No âmbito das Ciências da Comunicação, uma das iniciativas mais notáveis no intuito de aproximar-se ao EEES começa no ano de 2004, quando o Departamento de Universidades, Investigação e Sociedade da Informação da Generalitat de Catalunya (DURSI) elegeu vários centros catalães para aplicarem de maneira experimental o novo sistema comum de créditos derivados da Declaração de Bolonha.

A Universidade Autónoma de Barcelona (UAB) foi um desses centros, e esta, por sua vez, decidiu pôr em prática uma espécie de projeto-piloto no curso de licenciatura em Publicidade e Relações Públicas da Universidade. As exigências acadêmicas

---

[1] A Declaração de Bolonha de 19 de junho de 1999 estabelece as bases para a construção de um "Espaço Europeu de Educação Superior" organizado conforme certos princípios (qualidade, mobilidade, diversidade, competitividade) e orientado à consecução de outros dois objetivos estratégicos: o incremento do emprego na União Europeia e a conversão do Sistema Europeu de Formação Superior em um polo de atração para estudantes e professores de outras partes do mundo. Disponível em: <www.mec.es/universidades/ees/index.html>. Acesso em: 19 jun. 2007.

provenientes do chamado European Credit Transfer System (ECTS)[2] têm impulsionado a busca, no campo das Tecnologias de Informação e Comunicação (TIC), de ferramentas que facilitem a tarefa individual dos estudantes em seu processo de aprendizagem.

Dessa forma, a diferença consiste no fato de que o crédito tradicional centra-se nas horas de docência do professor, enquanto o ECTS mede a dedicação dos alunos a uma determinada disciplina a partir de diferentes indicadores por exemplo, o tempo destinado às atividades presenciais diretas (aulas, seminários, tutorias individuais e em grupo), a dedicação à preparação de uma prática ou de uma prova, bem como ao estudo e ao trabalho autônomo, sempre no panorama de uma avaliação contínua. Trata-te, portanto, de gerar um processo interativo no qual os estudantes são ativamente responsáveis pela aquisição de conhecimentos.

Nesse contexto, os professores do Departamento de Comunicação Audiovisual e Publicidade da UAB que formam o grupo de investigação Publiradio[3] decidiram iniciar um projeto que promovia o anteriormente descrito: Publiradio.net,[4] uma plataforma *on-line* que serve com ferramenta de suporte às disciplinas de rádio com o título de Publicidade e Relações Públicas.[5]

---

[2] O ECTS é um tipo de crédito que busca centrar atenção no aluno e na forma como este afronta a sua aprendizagem. Assim, a diferença dominante em relação ao crédito até o momento consiste no fato de que o epicentro consistia nas horas de docência designadas ao professor, enquanto o crédito europeu analisará a dedicação dos estudantes.

[3] A Publiradio está formada pelos catedráticos de Comunicação Audiovisual e Publicidade da UAB Armand Balsebre e José María Ricarte e pelos professores Juan José Perona, Mariluz Barbeito e Anna Fajula. Entre outros, os principais objetivos da Publiradio, fundada em 2002, são: tornar conhecidas as possibilidades comunicativas da rádio no campo publicitário; analisar os formatos publicitários utilizados actualmente na rádio e propor novos recursos criativos e comunicativos; ajudar os diferentes atores que intervêm no sistema publicitário espanhol a ter um melhor conhecimento da dimensão publicitária da rádio. Em 2006, o grupo publica a obra colectiva *Los mitos de la publicidad radiofónica* (Editora Cátedra).

[4] Disponível em: <http://www.publiradio.net/>.

[5] Na referida obra, o plano de estudos vigente em 2008 incluía Redacción y Locución en medios audiovisuales (primeiro curso, 5 ECTS) e Teoría y Técnica del Lenguaje Radiofónico (segundo curso, 4 ECTS), duas disciplinas cujo objetivo fundamental era a capacitação dirigida à produção de publicidade radiofônica.

A finalidade dessa pretensão consistia na busca de um instrumento que facilitasse a dita aprendizagem, tal como já referido, e que, ademais, permitisse aos alunos gerar seus próprios produtos publicitários radiofônicos.[6]

Se a rádio revelou-se historicamente como um poderoso instrumento para a Educação dentro e fora de sala de aula, a Publiradio.net, se apresenta como uma ferramenta pedagógica inédita não só pela sua função no quadro da ciberdocência, mas também pelo conjunto de conteúdos que oferece. Na atualidade, não existe nenhuma outra plataforma docente ibero-americana que conjugue em um mesmo espaço todos e cada um dos aspectos relacionados com a publicidade radiofônica.

Apesar de seu caráter marcadamente acadêmico, a Publiradio.net configura-se como uma web educativa radiofônica aberta a qualquer pessoa interessada nessa matéria, já que o acesso à totalidade de seus conteúdos é completamente livre.

Inovação docente
na publicidade radiofônica

A estrutura do aplicativo on-line foi desenhada segundo algumas linhas prioritárias de atuação. Assim, o grupo de investigação começou por definir os objetivos que se pretendiam alcançar com a criação e o funcionamento posto em prática do dito aplicativo:

- Proporcionar aos alunos uma ferramenta de autoaprendizagem;
- Construir um espaço virtual original, intuitivo e útil, com recursos e informação relacionada com a criatividade, a publicidade e o rádio;
- Conseguir que os estudantes conheçam amplamente, com independência das explicações teóricas e das práticas presenciais, os códigos expressivos dos componentes da linguagem

---

[6] Trata-se, em definitivo, de colocar ao serviço dos estudantes um instrumento de *educação em meios*, em outras palavras, de "ensinar a compreender, analisar e usar os meios de comunicação [...], de transformar a comunicação audiovisual em matéria de estudo" (OLIVA, 2006, p. 30).

radiofônica: voz, música, efeitos sonoros e silêncio (BALSEBRE, 1994), assim como com o valor semântico do planeamento sonoro e das figuras de montagem (GUTIÉRREZ e PERONA, 2002);
- Introduzir um nível de inovação inédito na estrutura tradicional do processo de aprendizagem dos alunos da Faculdade de Ciências da Comunicação da UAB. A ideia consistia em desenhar um instrumento cuja transversalidade permitisse sua utilização e utilidade em outras matérias além das disciplinas específicas de rádio publicitária e em outras licenciaturas (como Comunicação Audiovisual ou Jornalismo);
- Proporcionar materiais que permitam alcançar os objetivos de aprendizagem e a aquisição das competências básicas por parte dos futuros diplomados. Os alunos devem adquirir formação para responder às demandas do setor;
- Incentivar a experimentação e a originalidade da criação de obras publicitárias. Por meio da inovação, é possível neutralizar a crescente perda de interesse do rádio como meio publicitário e, da mesma forma, reduzir o nível de marginalização que tem a criatividade radiofônica dentro do panorama publicitário.

Como já referido em outra ocasião (PERONA; BARBEITO; FAJULA, 2007), uma vez concretizados os objetivos, a Publiradio levou a cabo uma fase de estudo e análise sob a forma da autoavaliação – na qual os alunos atuaram ativamente – para identificar os principais pontos fortes e fracos que apresentava a docência das disciplinas mais diretamente relacionadas com o projeto. Concluídas essas fases e definido o público da futura plataforma, a Publiradio tinha a seu dispor informação suficiente para dar início à definição dos tópicos e subtópicos do aplicativo, os quais foram os seguintes: *Notícias, Quién es quién, Fonoteca, Investigación y docencia, Enlaces selección, Sala de prensa* e *Serviradio*.

Avaliação de Publiradio.net: a opinião dos estudantes

Desde que teve início, a edu-web radiofônica Publiradio.net tem se convertido em um recurso docente que, entre outras coisas, fomenta o trabalho autônomo entre os estudantes de Publicidade e Relações Públicas, mas também tem se revelado como uma ferramenta pedagógica muito valorizada, tanto pelos conteúdos que apresenta quanto pelas aplicações que os alunos podem encontrar. De fato, dessa forma se corroboram os resultados de uma investigação, que, sob o título de *Análisis cuantitativa y cualitativa del nivel de respuesta interativa generada entre el alumnado tras el proceso de optimización del aplicativo on-line para la creación de publicidad radiofónica* [Análises quantitativas e qualitativas do nível de resposta interativa gerada entre os alunos após o processo de otimização do aplicativo on-line para a criação de publicidade radiofônica], realizou-se durante o ano de 2008.

Para levar a cabo a dita investigação, foi construído um questionário com um total de 26 perguntas (abertas e fechadas), ao qual foi aplicado a uma amostra de 111 alunos de diferentes cursos de Publicidade e Relações Públicas da UAB. A temática abordada centrou-se nos seguintes itens:

1. Grau de conhecimento do aplicativo Publiradio.net;
2. Nível de acesso à Publiradio.net;
3. Uso do aplicativo como recurso docente para a realização de atividades acadêmicas;
4. Utilidade da Publiradio.net como recurso docente;
5. Avaliação global (conteúdos, navegabilidade e aspectos formais) da Publiradio.net por parte dos estudantes;
6. Avaliação dos diferentes tópicos do aplicativo;
7. Proposta de melhoramento do aplicativo;
8. Grau de interação dos estudantes com a plataforma on-line (consultas, downloads, preparação dos trabalho, etc.) e suas consequências no rendimento academico.

Entre os resultados mais interessantes, destaca-se que a seção de maior aceitação dos estudantes de Publicidade e Relações Públicas é a fonoteca, seguida dos recursos sonoros e das lições. Os alunos parecem mostrar, assim, uma preferência marcada tanto por aquelas ferramentas do aplicativo que são diretamente úteis para as disciplinas nas quais se trabalha a publicidade radiofônica por aquelas seções que servem para superar as diferentes provas teórico-práticas programadas no seio das referidas disciplinas.

TABELA 1 – Avaliação dos tópicos da web

Tópico	Pontuação média
Noticias	6,60
Quién es quién (locutores)	6,83
Quién es quién (agencias)	6,81
Quién es quién (creativos)	6,86
Quién es quién (anunciantes)	6,93
Fonoteca	8,00
Aula virtual (recursos sonoros)	8,00
Aula virtual (lecciones)	8,27
Docencia y formación	7,43
Investigación	7,39
Enlaces	7,30

Fonte: Publiradio.

Por outro lado, os alunos de Publicidade e Relações Públicas da UAB estabeleceram uma nota global média de 7,07 à web Plubliradio.net ao avaliar a navegabilidade e outros aspectos como o desenho, a quantidade e a qualidade da informação disponível ou a utilidade dos recursos postos à sua disposição. Precisamente, estes últimos, entre os quais se encontram os efeitos sonoros, as lições, as vinhetas, etc., são os que obtêm a avaliação mais alta (7,53), enquanto o desenho do aplicativo é o que menos parece agradar. Não obstante, o "desenho" obtém um 6,54, e só é suspenso, com um 4, por 4,8% dos participantes da pesquisa:

TABELA 2 – Avaliação da Publiradio.net: conteúdos, navegabilidade e aspectos formais

Aspecto	Classificação média
Avaliação do desenho da web	6,54
Avaliação da qualidade da informação disponível na web	7,47
Avaliação da facilidade de busca	6,93
Avaliação da facilidade para descarregar a informação da web	7,33

Avaliação da quantidade da informação disponível na web	6,65
Avaliação da utilidade dos recursos da web	7,53
Avaliação da facilidade de utilização da plataforma/navegabilidade	7,07
MÉDIA GLOBAL	7,07

Fonte: Publiradio.

Conclusões

Vistas suas características e examinadas suas utilidades docentes, a Publiradio.net se consagra como uma plataforma digital muito útil no sentido de estimular o trabalho dos estudantes e, principalmente, de favorecer a criação de publicidade radiofônica. Além disso, dadas as suas possibilidades interativas, com a ajuda dessa plataforma on-line, os alunos têm a possibilidade de gerir boa parte do processo de aprendizagem daquelas matérias relacionadas com a rádio publicitária, tanto que são eles que decidem como aproveitar todos e cada um dos recursos postos à sua disposição como complemento ao ensino presencial.

Ao estudante ainda é dada a possibilidade de interagir com uma ferramenta que o permite, por exemplo, selecionar, escutar, descarregar e manipular um elemento sonoro para a elaboração de uma vinheta de 30 segundos, bem como visitar os principais estudos de som, repassar uma lição on-line, analisar as vozes mais significativas da publicidade radiofônica espanhola, escutar obras publicitárias históricas ou conhecer as pesquisas mais recentes acerca da publicidade radiofônica.

Por outro lado, a Publiradio.net consiste em uma amostra mais do crescimento que, graças à convergência tecnológica e, principalmente, à consolidação da Rede como uma plataforma de difusão e inferência de múltiplos conteúdos textuais, sonoros, visuais e sonoro-visuais, está experimentando as iniciativas orientadas ao fomento da Educação em comunicação audiovisual.

A rádio, que historicamente tem se revelado como um potente instrumento complementar e de reforço ao ensino e à aprendizagem,[7] lidera precisamente o conjunto das experiências que têm sido desenvolvidas em diferentes países, entre eles a Espanha, e que vão muito mais além do potencial instrutivo e formativo que lhe tem sido conferido.

Referências

ARTEAGA C. *et al*. La radio como medio para la educación. *Razón y Palabra*, 36. México.

BALSEBRE, Armand (1994). *El lenguaje radiofónico*. Madrid: Cátedra, 2004.

BALSEBRE, A., RICARTE, J. M., PERONA, J. J., ROCA, D., BARBEITO, M. L. y FAJULA, A. *Los mitos de la publicidad radiofónica. estrategias de la comunicación pubicitaria en la radio española*. Madrid: Cátedra, 2006.

GUTIÉRREZ, M; PERONA, J. J.: *Teoría y técnica del lenguaje radiofónico*. Barcelona: Bosch, 2002.

OLIVA, Mercè. Panorámica de la educación en comunicación audiovisual. *Quaderns del Consell de l'Audiovisual de Catalunya* (CAC), n. 25. Barcelona. p. 35-37, 2006.

PERONA, J. J. Radio escolar en Internet: un proyecto pedagógico para la era digital. Red Digital. *Revista de Tecnologías de la Información y Comunicación Educativas*, 1. Disponível em: <http://reddigital.cnice.mec.es/1/)>, 2001.

PERONA, J. J., BARBEITO, M. L.; FAJULA, A. Radio: nuevas experiencias para la educación en comunicación audiovisual. *Comunicación presentada en el 5º Congreso de la SOPCOM*. Braga: Universidade do Minho. 8/09/2007, 2007.

---

[7] Em todos os centros nos quais se deu início a uma emissora ou foi introduzido o trabalho com o meio a partir da análise de produtos radiofônicos ou idealização deles, suas responsabilidades têm constatado seu enorme valor para, entre outras coisas (PERONA, 2001): 1) Fomentar e reforçar o trabalho em equipe; 2) Potencializar a iniciativa e a capacidade criadora do professorado implicado no projeto; 3) Melhorar a expressão oral e escrita entre os estudantes, assim como a utilização dos sinais de pontuação; 4) Aumentar de forma significativa o uso da biblioteca; 5) Favorecer a integração do aluno, aproximando-o da sua envolvente; 6) Desenvolver uma nova maneira de educar: ativa, aberta à vida, democrática, crítica e solidária, e; 7) Dinamizar a comunicação entre a comunidade escolar.

Os autores

ANA PAULA BOSSLER | www.almanaquedaciencia.blogspot.com
Doutora em Educação Faculdade de Educação da Universidade Federal de Minas Gerais, 2009. Produtora e apresentadora do programa de rádio *Em dia com a Aposentadoria* (Caraguatatuba/SP), convidada para apresentação de pautas de ciência do programa *Mulheres* (TV Gazeta/SP) e blogueira de assuntos de ciência, educação e comunicação.
E-mail: *paula.bosssler@terra.com.b*

BRUNO GONSALVES
Estudante de Pedagogia. Foi bolsista PIBIC no projeto Do MEB ao WEB: o radio na Educação, na Faculdade de Educação da UFBA.
E-mail: *brunogonsalves@yahoo.com.br*

CARLA SARDEIRO
Pedagoga. Foi bolsista PIBIC no projeto Do MEB ao WEB: o radio na Educação, na Faculdade de Educação da UFBA.
E-mail: *carlasardeiro@yahoo.com.br*

CICÍLIA M. KROHLING PERUZZO
Doutora em Ciências da Comunicação pela Universidade de São Paulo. Coordenadora do GT Comunicación Popular, Comunitária y Ciudadanía da Asociación Latinoamericana de Investigadores de la Comunicación (ALA/C) e do Núcleo de Pesquisa de Comunicação Comunitária e Local (COMUNI).
E-mail: *kperuzzo@uol.com.br*

FÁBIO MARTINS
Professor da UFMG. Editor da revista *Rádio em Revista* do Departamento de Comunicação Social da Faculdade de Filosofia e Ciências Humanas (FAFICH) da UFMG.
E-mail: *radioemrevista@gmail.com*

FABRICIO SANTANA
Bacharel em Ciência da Computação. Foi bolsista PIBIC no projeto Do MEB ao WEB: o radio na Educação, na Faculdade de Educação da UFBA.
E-mail: *facomputacao@yahoo.com.br*

GUILLERMO OROZCO GÓMEZ
Professor titular e pesquisador do Departamento de Estudos da Comunicação Social da Universidade de Guadalajara. Doutor em Educação pela Universidade de Harvard (Estados Unidos). Pesquisador nacional nível 3 e membro da Academia Mexicana de Ciências. Catedrático UNESCO de Comunicação Social.
E-mail: *gorozco@cencar.udg.mx*

HILBERTO MELLO

Estudante de Matemática. Bolsista PIBIC no projeto Conhecimento livre e Educação, na Faculdade de Educação da UFBA.
E-mail: *hilbertom@gmail.com*

ISMAR DE OLIVEIRA SOARES | www.usp.br/nce

Professor titular da Escola de Comunicações e Artes da Universidade de São Paulo. Membro do Pontifício Conselho para as Comunicações Sociais, do Vaticano (2001-2009). Coordenador do Curso de Licenciatura em Educomunicação da USP. Coordenador do Núcleo de Comunicação e Educação da USP (NCE-USP).
E-mail: *ismarolive@yahoo.com*

JOSÉ MARQUES DE MELO

Doutor em Comunicação pela USP. Professor Emérito da Universidade de São Paulo. Diretor da Cátedra UNESCO/UMESP de Comunicação.
E-mail: *marquesmelo@uol.com.br*

JOSÉ PEIXOTO FILHO

Doutor em Educação pela Universidade Federal do Rio de Janeiro. Coordenador do Programa de Pós-Graduação – Mestrado em Educação da Faculdade de Educação da Universidade do Estado de Minas Gerais (UEMG). Professor titular da Universidade de Itaúna e Professor Adjunto Aposentado da Universidade Federal Fluminense.
E-mail: *jpeixotofi@hotmail.com*

JUAN JOSÉ PERONA PÁEZ | www.publiradio.net

Doutor en Ciencias de la Información (Periodismo) pela Universidade Autonoma de Barcelona (UAB). Professor da Universidade Autónoma de Barcelona. Coordenador do grupo Publiradio: Grup de Recerca en Publicitat i Comunicació Radiofònica (SGR2009-0454), UAB.
E-mail: *juanjose.perona@uab.es*

LÍLIAN MOURÃO BAHIA

Mestre em Comunicação Social pela Universidade Metodista de São Paulo (UMESP). Pesquisadora do Núcleo de Comunicação Comunitária da UMESP.
E-mail: *bahialilian@hotmail.com*

MARIA HELENA SILVEIRA BONILLA

Professora da Faculdade de Educação da Universidade Federal da Bahia. Doutora em Educação pela UFBA (2002) e mestre em Educação nas Ciências pela UNIJUI (1997).
E-mail: *bonilla@ufba.br*

MARIA LUZ BARBEITO VELOSO | www.publiradio.net

Mestre en Comunicación Audiovisual pela Universidad Autónoma de

Barcelona (UAB), 1999. Professora de Comunicación Audiovisual y Publicidad na Universidade Autonoma de Barcelona. Pesquisadora do grupo Publiradio (UAB).
E-mail: *mariluz.barbeito@uab.es*

MARIANA GONÇALVES DAHER TEIXEIRA
Especializada em Gestão de Recursos Humanos pela Universidade do Minho. Tradutora do Catalão e Espanhol para o Português.
E-mail: *daher.mariana@gmail.com*

MARCELO MENDONÇA TEIXEIRA
Mestre em Educação pela Universidade do Minho. Pesquisador do Projeto Sociedade da Informação, Inovações Tecnológicas e Processos Educacionais do Instituto de Educação da Universidade do Minho - Portugal.
E-mail: *marcelo.uminho.pt@gmail.com*

MAURO JOSÉ SÁ REGO COSTA
Professor Adjunto da Faculdade de Educação da Baixada Fluminense (UERJ); Coordenador da Oficina Híbridos – Mídia e Arte Contemporânea – do LABORE – Laboratório de Estudos Contemporâneos (UERJ); Coordenador do Laboratório de Rádio UERJ/Baixada. Professor do Mestrado em Educação, Cultura e Comunicação (FEBF/UERJ).
E-mail: *maurosarego@gmail.com*

MÔNICA DE SÁ DANTAS PAZ
Bacharel em Ciência da Computação. Foi bolsista PIBIC no projeto Do MEB ao WEB: o radio na Educação, na Faculdade de Educação da UFBA.
E-mail: *monicapazz@gmail.com*

NELSON DE LUCA PRETTO | www.pretto.info
Professor Associado da Faculdade de Educação da Universidade Federal da Bahia. Doutor em Ciências da Comunicação pela Escola de Comunicações e Artes da Universidade de São Paulo, 1994. Coordenador do Grupo de Pesquisa Educação, Comunicação e Tecnologias (GEC – Faced – UFBA).
E-mail: *nelson@pretto.info*

SANDRA PEREIRA TOSTA
Doutora em Antropologia Social pela USP. Professora da PUC Minas. Coordenadora do Educ – Grupo de Pesquisa em Educação e Culturas. Pesquisadora do CNPq.
E-mail: *sandra@pucminas.br*

Qualquer livro do nosso catálogo não encontrado nas livrarias pode ser pedido por carta, fax, telefone ou pela Internet.

✉ Rua Aimorés, 981, 8º andar – Funcionários
Belo Horizonte-MG – CEP 30140-071

📱 Tel: (31) 3222 6819
Fax: (31) 3224 6087
Televendas (gratuito): 0800 2831322

@ vendas@autenticaeditora.com.br
www.autenticaeditora.com.br

Este livro foi composto com tipografia Baskerville
e impresso em papel off set 75 g na Formato Artes Gráficas.
